Michael Schindhelm

Zauber des Westens

Eine Erfahrung

Deutsche Verlags-Anstalt
Stuttgart München

Die Deutsche Bibliothek - CIP-Einheitsaufnahme

Ein Titeldatensatz für diese Publikation ist bei
Der Deutschen Bibliothek erhältlich

Copyright © 2001 by Deutsche Verlags-Anstalt,
Stuttgart München
Alle Rechte vorbehalten
Satz: Sabon OsF (QuarkXPress) im Verlag
Druck und Bindung: Friedrich Pustet, Regensburg
Diese Ausgabe wurde auf chlor- und säurefrei gebleichtem,
alterungsbeständigem Papier gedruckt.
Printed in Germany
ISBN 3-421-05442-8

Inhalt

I. Zweilandstrom 7

II. Mattscheibe 23

III. Ausbruch der Wirklichkeit 35

IV. Generalüberholung 79

V. Im Land des großen Friedens 129

VI. Mattscheibe II 179

I.
Zweilandstrom

An der Pfalz des Münsters führt eine Treppe das Steilufer hinunter. Am Wasser die Anlegestelle der Münsterfähre, eines etwa zehn Meter langen Bootes mit Halbdach, das zwischen der erhabenen und der ebenen Stadthälfte hin- und herpendelt und zwischen der Wettstein- und der Mittleren Brücke den Fußgänger über den Fluß bringt. Hol über! Der Fluß hat eine Achse in der Mitte. Das Boot löst sich vom gegenüberliegenden Ufer und ist in wenigen Minuten auf seiner Seite angekommen. Nachdem der Fahrgast eingestiegen ist, kippt die irisierende Wasserfläche wieder in die andere Richtung, und das Boot gleitet zurück. Lastkähne ziehen vorüber, nach Frankreich, Deutschland, Holland, dem Offenen entgegen. Auch Deutschland. Hinter den in der Morgensonne brütenden Reihenhausfassaden am ebenen Ufer und den bleichen, zeigefingernden Schornsteinen der Chemie am Stadtrand drängen die Südausläufer des Schwarzwaldes aus dem Nebel. Nachdem er das sachte schaukelnde Boot mit einem »Grüezi!« gegen den Fährmann betreten hat, setzt er sich zu den anderen Fahrgästen an den Bootsrand und wartet darauf, vom Ufer abgestoßen zu werden. Sanft gleitet das Boot an dem Drahtseil, das in Fahrtrichtung zwischen den Ufern gespannt ist, über den Rhein.

Der flache Kiel schliert durch das schwerfällige Wasser, alles fließt. Sie treiben lautlos und in leichtem Winkel zur Strömung. Unter dem Boot schieben sich die funkelnden Massen vorbei, von rechts nach links. Sein Blick folgt dem Drahtseil über ihnen und macht vorauseilend an der gegenüberliegenden Anlegestelle fest. Dann hält das Strömen unter ihm plötzlich inne. Filippo Marinetti rief einmal dazu auf, die Flüsse zu beschleunigen. Nun steht der Strom still, dafür schieben sich die Ufer links und rechts mit den mittelalterlichen, sonnentrunkenen Fassaden den auf der Stelle stehengebliebenen Rhein entlang, als hätte hier, auf der Mitte des Flusses, eine unerwartete Gravitation nach dem Boot gegriffen und schleifte es samt der beiden Ufer einem fremden Ziel entgegen.

Es nützt nichts, daß er sich sagt, dies ist eine Täuschung, wie er sie schon öfter erlebt hat. Die Täuschung hält ihn fest. Als Kind stand er oft auf der Brücke über einen anderen Fluß und beugte sich weit über das Geländer, bis er die unter sich durchziehenden Wassermassen fixieren konnte, schwere, träge Wellenkämme, ölige Strudel. Irgendwann standen die Bilder still, und die Brücke schob sich mit ihm den Fluß hinauf. Diesmal hockt er über dem Wasser in einer Barke. Der Bewegung in einem fremden Koordinatensystem ausgeliefert, starrt er hinüber zu den Schornsteinen und den blassen Rücken des Schwarzwaldes. Die anderen Leute auf der Fähre sind Touristen aus Deutschland. Sie haben offenbar keinen Anteil an seinem Bewegungsbann. Sie stehen in der Mitte des Bootes und zeigen sich die Patrizierhäuser am Münsterberg. Sie befingern die Anblicke der vornehmen Bauwerke und kauen sie mit ihrer Sprache durch, die auch seine ist. Er steht, ihren Sightseeing-Stimmen den Rücken zuwendend, auf der Schwelle im Fluß.

Dann ist das Täuschungsspiel zu Ende, das Boot stößt am anderen Ufer an, die Touristen steigen aus, und er bleibt sitzen. Den Fährmann stört das nicht im geringsten, er verdient einen weiteren Franken zwanzig. Eine blonde Frau mit kleinem Jungen steigt zu, und schon geht es zurück Richtung Münsterberg. Wieder tauchen die Schwarzwaldrücken über den Dächern auf.

Die Stadt am Fluß ist ein Ort der Ein- und Auswanderer. Bald jeder zweite kommt aus einem anderen Land, so war das schon vor neunzig Jahren. Zudem kommen in Scharen Grenzgänger aus Frankreich und Deutschland zum Arbeiten herüber. Grenzgänger und Einwanderer waren auch Erasmus und Nietzsche. Es ist nicht leicht, als Einwanderer an sein Ziel und zur Ruhe zu kommen. Seinen Frieden zu finden. Erasmus ist es gelungen, im Nordschiff des Münsters hängt seine Grabtafel. Nietzsche ist ein- und wieder ausgewandert. »Ceterum censeo Basileam esse derelinquendam.« Richtig losgekommen ist er von dieser Stadt nie. Als er seinen Universitätsdienst quittierte, zahlten sie ihm bis zu seinem Tod ein Ruhegeld, mit dem er sich seinen hysterischen Abstand leisten konnte, zum Beispiel zu dem Land, das dieser Stadt seine Bergrücken zukehrt.

Während er auf der Fähre zurück in den Schoß der fremden Stadt gezogen wird, der Stadt der Ein- und Auswanderer, die ihm längst weniger fremd ist als die meisten deutschen Städte, hört ihm jemand zu: Ich. Dem grünen, strömenden Element zugewandt, spricht er dieses Wort in sich hinein: Ich. Es sitzt tief im Rachenraum: Ich. Der nicht identisch ist mit ihm und sich meist in seinem Schatten versteckt: Ich. Der ihm oft in den Ohren liegt, wenn er müde ist und der Tag beginnt. Der schweigt, wenn er redet, und redet, wenn er schweigt; und umgekehrt. Ich, der Verräter und Kompagnon, der Ja- und Nein-Sager. Ich, das sind viele, eine Ich-Schwadron, die in den Stunden, da sich Nacht und Morgen scheiden, seine Schwarzweiß-Träume bevölkert, die ihn mit Rasseln und Blendspiegeln durchs Unterholz treibt. Hier auf der Fähre hören sie ihm alle zu. Sehen ihm zu. Sehen seinen skeptischen Blicken hinterher. Nach drüben. Dort liegt Deutschland und vor ihm die Schweiz. Alles fließt.

Er wird zurückgezogen. In den Schoß der Stadt, an das Ufer des Münsterberges. Unter seinen Füßen nimmt die gewohnte Schwere wieder Kontakt zu ihm auf. Während er die Treppe zur Pfalz hinaufsteigt, findet er ins gewohnte Koordinatensystem zurück. Der Fluß unter ihm trennt ihn von dem Staat, der ihn über ein Dokument, das er ungern und oft bei sich trägt, zu seinen Angehörigen zählt. Mit seiner Legitimation. Er hat unter das Bild des Dokuments seinen Namen gesetzt. Das ist sein Vertrag mit Deutschland. Ein Heft mit wenigen beschriebenen und vielen unbeschriebenen Blättern. Mit Zusatz- und Anschlußverträgen, die er mit anderen Staaten abgeschlossen hat, in denen er eine Weile gelebt hat.

Seit es den Stempel des kantonalen Polizeidepartements in diesem Heftchen gibt, ist er in Deutschland nicht mehr zu Hause. So oft, wie es ihn geschäftlich dorthin zieht, fühlt er sich wie ein Deutschland-Hospitant, in einer Abstandshaltung, die weder erleichtert noch erschöpft, denn der Hauptvertragspartner sperrt ihn weder ein noch aus. Er interessiert sich nicht besonders für seinen Hospitanten und wäre auch nicht weiter interessant für diesen, wenn der das Heft einfach in den Rhein werfen und sich von ihm trennen könnte. Aber anders als zu Erasmus' und zu Nietzsches Zeiten sind solche Verträge unbefristet abgeschlossen, Trennungen nur bei Abschluß von anderen Hauptverträgen möglich. Also bleibt bei allem Abwinken und Schulterzucken, bei aller Sehnsucht nach Pinienhainen und allem Grauen vor deutschen Fußgängerzonen das Eingeständnis, abwesend angehörig zu sein.

Die kleine, miese, traurig-graue Ur-Heimat, das vergiftete Idyll seiner Kindheit und Jugend, war ohne sein Zutun untergegangen. Mit unerwarteter Heftigkeit brach damals die neue Wirklichkeit aus, sie überwogte und überflutete ihn und seine Heimat.

Seine Landsleute und er waren trickreiche Trockenschwimmer, aber auf solche Wirklichkeitsfluten waren sie nicht vorbereitet, und so gerieten sie unter die Wogen und kamen in Bedrängnis.

Auf dem flachen Land, das mit der bald schon einsetzenden Ebbe sichtbar wurde, regte sich schnell neues Leben. Es war ein anderes, fremdes Leben. Auf fremdem Boden. Terra nullis, niemandes Land, dachte er kurz, doch da wuchsen Zäune aus der Erde, geschwinder als Weizen auf dem Acker. Fremde Erde.

Wie in Tschechows Stück kamen die Neuen und holzten den Kirschgarten ab. Auf dem gewonnenen Land wurden Wohnkolonien errichtet. Die neuen Wohngestelle erinnerten ihn an Container, mobile Heime für den Menschen in Bewegung. Die Leute richteten sich ein in der neuen Welt. Auf dem Boden abgeholzter Kirschgärten, die keine Früchte mehr gegeben hatten und deren Holz verfault war. Zwischen wuchernden Deponien und Rapsfeldern. Das also war das Paradies.

Es war zu ihnen gekommen. Sie mußten sich nicht zu ihm hinbewegen. Anders als jene, die, aus Sri Lanka oder China fliehend, hinter ein paar Zentnern Tomaten in einem Metallkasten ausharrten, bis die Lüftungsaggregate abgeschaltet wurden und die Wächter an der Festungsgrenze nur noch ihre ineinandergekrallten Leichen hinter den Tomaten bergen konnten.

Sie sahen damals aus wie Entgeisterte, von den Geistern ihrer Ur-Heimat Verlassene, diese Trockenschwimmer. Auch er. Die Augen weit aufgerissen, die Pupillen überdehnt, die Iris vollgesogen vom Blut der Sensationen, die Lippen über das Zahnfleisch gepreßt, den Rachen herzeigend, die Hände wie zu einer Pantomime vor dem Körper zuckend, so standen sie in ihrer neuen Wirklichkeit. Schon der nächste Schritt bedeutete alles vergessen und neu lernen. Also warfen sie ihr Gepäck von den Schultern, stopften ihre alte Geschichte tief irgendwo in sich hinein und drängten sich an Kassen und Eingängen. Das neue Leben sah so prächtig und glänzend aus und wurde doch immer dunkler, je länger man sich in ihm bewegte.

Deutschland, der erste Schritt ins Paradies, auch für ihn. Er würde erst lernen müssen, die Lider über den sperrangelweiten Pupillen zu schließen, die Zähne aufeinanderzubeißen, die Ohren an das Zwitschern zu gewöhnen, die Zunge neue und immer neue Wörter formen zu lassen, alte Wörter mit anderen, bisher undenkbaren Bedeutungen, Zeichen zu lesen und dieses anbrandende Licht zu ertragen.

Entblößt standen sie da. Später sah er in der Capella Nova in Orvieto ein Fresko über die Auferstehung aus dem Fleisch. Graue, nackte Menschen kriechen aus dem Boden, manche noch halb in der Erde, von einigen ist erst das Haupt zu sehen. Über ihnen krümmt sich ultramarin der endlose Sternenhimmel, und an diesem Himmel hängt eine Wolke mit Engeln, die ihre Posaunen in die vier Himmelsrichtungen blasen. Den aus dem Boden Kriechenden stehen die Schrecken des Fegefeuers im Gesicht. Sie haben versteinerte, erschöpfte, abgekämpfte Gesichter, doch sind diese Menschen befreit. So müssen auch sie ausgesehen haben in den Stunden des Übergangs.

Seit der erfolgreichen Evakuierung ins Paradies ist er ein Einzelner. Das Lineament zwischen Gestern und Heute ist noch aktiv. Dort, wo sich einst Gitterstäbe kreuzten, blitzt nun das eiserne Gesicht der Freiheit. Damals, im Käfig, hätte er gern ein einzelner sein wollen, jetzt ist es unerträglich leicht. Immer noch ist er zu befangen, zu unsicher, um mühelos über das Parkett zu kommen.

Er hat versucht, sehen zu lernen, hören, sprechen. Manchmal jedoch versagen die Werkzeuge, oder die alte Anlage tritt hervor. Das Paradies hat eine Menge zu bieten, vor allem von dem, was er nicht braucht. Aber das hat er nicht gleich begriffen. Er hat auch nicht gleich begriffen, daß das Paradies zwar viel bietet, aber noch viel mehr nimmt. Es hat lange gedauert, bis er hinter dem opalisierenden Maya-Schleier die Einförmigkeit entdeckt hat, hinter dem Zauber die Bitterkeit, hinter dem Reichtum die Enteignung.

Wahrlich, von einer despotischen Verführung ist zu berichten und von einer unaufhörlichen Entzauberung. Von einer zukunftsbesessenen Wirklichkeit, die keinen Stein der Gewohnheit auf dem anderen läßt, und von der Flucht in die Arme einer alles vergessen machenden Ikonenwelt. Vom Fauligwerden dieser zukunftsbesessenen Wirklichkeit und von der Allmacht des Bildes. Und von seiner andauernden Fassungslosigkeit angesichts all dessen.

Du mußt dein Leben ändern – diesem Imperativ ist er nachgekommen. Er ist inzwischen viele andere geworden und gewesen. Er leitete Theater, erst in Deutschland, heute in der Schweiz, und hat doch etwas ganz anderes gelernt. Er war Quantenchemiker, Reiseführer, Dolmetscher, Übersetzer, schließlich Intendant. Dilettant. Das ist er wohl immer gewesen. Theater leiten kann man nicht lernen, alle Direktoren sind Dilettanten. Unter ihnen ist er der einzige und vorläufig letzte Theaterleitungsdilettant aus dem Osten Deutschlands, der ein größeres Haus im Westen Deutschlands, der Schweiz oder Österreich führt. Die anderen aus der kleinen, untergegangenen Heimat sind weg. Und die besten Intendantensessel im Osten sind ebenfalls nahezu ausschließlich an nette Kollegen aus dem Westen gegangen. Er ist vorläufig der letzte und hat das lange nicht bemerkt, denn er sieht sich nicht als einen aus dem Osten. Aber andere sehen ihn so und geben ihm gelegentlich freundliche Hinweise, daß er nicht dazugehört und sich auf fremdem Terrain befindet.

Die Leute sehen sein Kennzeichen DDR, das mit den Jahren zwar ausgeblichen ist, aber noch nicht ganz, und das genügt. Ihn stört weder sein Kennzeichen DDR noch der Graben, den er zwischen sich und den Leuten gähnen sieht. Gräben gehören dazu, wenn man abwesend angehörig ist. Ein Deutschland-Hospitant aus der real nicht mehr existierenden sozialistischen Republik mit einem Angehörigkeitsvertrag, den er mit der real sehr vehement existierenden kapitalistischen Republik abgeschlossen hat. Ein Stigma muß bleiben.

Er hat sich daran gewöhnt, von Ostdeutschland zu sprechen und, wenn es um die damalige Hauptstadt der DDR geht, von Ostberlin. Das Präfix galt als Eintrittsbillett. Das ist Westsprache. Redet er von Westberlin, macht er sich verdächtig, die Ideologie der SED nicht überwunden zu haben, obwohl, er kann mit diesen Verdächtigungen leben. Er lebt in einer komfortablen Situation, denn er lebt in einer Stadt der Ein- und Auswanderer. Er ist einer von ihnen, schaut über die Gräben nach Norden, sieht nach Deutschland. Er kann immer noch nicht behaupten, daß es ihm gleichgültig wäre. Er muß zugeben, es verführt ihn immer wieder. Die Verführung beginnt genau dort, wo Gräben den Weg der Erfüllung zerschneiden.

Deutschland, die erste Station auf dem Weg in die neue Wirklichkeit, Bahnhof heftiger Trennungen und erregender Ankünfte.

Die meiste Zeit seines bisherigen Lebens hat er außerhalb dieses Landes gelebt, unbeheimatet; durch einen Elektrozaun, eine Mauer, einen Fluß von ihm getrennt, freiwillig, unfreiwillig. Es geht ein Magnetismus von diesem Land aus, der aber bisher nicht ausgereicht hat, ihn in es hineinzuziehen, in seinen westlichen, selbstbewußten Teil. Es besteht ein Äquilibrium zwischen Heimat und Fremde, Abstoßung und Anziehung.

Die Distanz ist nicht wegzudeuten. Und auf unbequeme Weise bequem: Man schaut hinüber auf den blauenden Schwarzwald, sieht diesem Deutschland heimlich in den Nacken, blättert seine Zeitungen durch, seine Fahrpläne, seine Theaterprogramme, fragt sich, ob einen das Ganze etwas angeht, und kehrt ihm wieder den Rücken. Trotzdem hat man dieses Land immer vor sich. Er weiß nicht, ob er es aus dieser Perspektive von hinten oder von vorn sieht, irgendwie sieht Deutschland von allen Seiten wie von hinten aus. Deutschland, dieses schlanke, unten elegant nach Osten ausschwingende Gebilde mit dem kurzen, klobigen rechten Teil. Deutschland ist asymmetrisch. Er traut ihm keine Mitte zu. Täglich nimmt der Fluß zwischen ihm und diesem Land Heimaterde mit, der Graben wird tiefer. Und der Magnetismus stärker. Für jede durchschnittene Nabelschnur wachsen zwei neue nach. So zappelt er in seiner Haut, die er zu Markte trägt.

Diese Haut ist in der Stadt der Ein- und Auswanderer nicht sehr beliebt. Am Abend seines Umzugs trafen die Speditionsarbeiter mit dem Möbelwagen ein. Sie wollten unbedingt das Spiel zwischen Deutschland und England sehen. Obwohl sie aus Tschechien kamen, waren sie auf seiten der Deutschen. Er zeigte ihnen eine Basler Eckkneipe, in der der Fernseher bereits lief und die fast bis auf den letzten Platz besetzt war. Die Deutschen müssen ein gutes Spiel geliefert und deutlich gewonnen haben. Bei den Männern von der Spedition wollte sich trotzdem keine reine Freude einstellen, denn in der Eckkneipe zeigte sich schnell, daß sie die einzigen Anhänger der Deutschen waren. Die Schweizer, Italiener und Franzosen um sie herum fürchteten und schrien für die Engländer, wenn auch vergeblich. Also machten sich die beiden Tschechen morgens ziemlich mürrisch ans Auspacken.

Er trägt diese Haut ohne Anstalten, wie ein Arbeitskostüm. Sie ist ein Sack, aus dem er sich nicht befreien kann, auch wenn er es wollte. Seit er Deutschland verlassen hat, ist das erste D auf seinem Kennzeichen größer geworden. Ihm bleibt nur, sich dazu zu bekennen. Unter jeder Hülle, die er von sich streift und die ihn als einen anderen enthüllt, bleibt er doch derselbe.

Zu seinen ersten Taten gehörte es, das klassische Ballett am städtischen Theater aufzulösen und mit einer fünfzigjährigen Tradition zu brechen. »Großräte, stoppt diese Entscheidung!« rief es da aus großformatigen Anzeigen, und es gab Protestdemonstrationen rund um das Theater. Die wurden vom betroffenen Tänzerensemble organisiert, dessen Sprecher aus Leipzig kam. Also wurden die Demonstrationen Montagsdemos genannt.

Er kam aus Ostdeutschland und provozierte Montagsdemos in der ruhigen, gelassenen Schweiz. Man hielt ihm
Mikrofone hin, verlangte Erklärungen für dieses und
jenes. Man habe dem Theater Geld weggenommen, Subventionen gestrichen, und also könne nicht alles so
bleiben, wie es sei. Er wollte aus der finanziellen Not eine
künstlerische Tugend machen und aus dem klassischen
Ballett zeitgenössisches Tanztheater. Theater sei die Kunst
der Verwandlung, also auch die Kunst der Veränderun-
gen und Brüche. Eine ältere Frau schrie ihm während
einer öffentlichen Diskussion ins Gesicht, ihr Deutschen
könnt immer nur kaputtmachen. Dann warf sie sich
ihren Nerzmantel über und ging.

Die Mikrofone ließen irgendwann ab von ihm. Er kam
aus Deutschland und hatte den Schweizern gezeigt, wie es
in die Zukunft geht. Hatte den häßlichen, großspurigen
Deutschen abgegeben. Bisher kannte er den nur aus der
Beobachterperspektive, als dieser Deutsche nach 1990
mit seiner schnellen Schnauze in den Osten kam und den
ganzen Laden im Sinne einer Anpassung an die soziale
Marktwirtschaft auseinandernahm. Er kannte das Feind-
bild, das der Deutsche abgab, nun, in Basel, wurde er mit
ihm manchmal eins.

Das Theater ist ihm transportable Heimat geworden. Wo
immer er ist, in Leipzig oder Stuttgart, in Lissabon oder
Brüssel, überall gibt es diese hermetischen Orte, deren
Hintereingänge ihm vertraut sind, durch deren labyrinthische Keller er unbeirrt wandert, um hinter der Bühne,
in der Garderobe, in der Kantine Menschen zu begegnen,
die er auch in den Garderoben und Kantinen des eigenen
Theaters trifft. Diese Häuser, deren Vorderansichten
meist prächtig und deren Hinteransichten meist verkom-

men sind, stehen in den schnellen, gläsernen Metropolen wie ägyptische Obelisken in einer hieroglyphenunkundigen Welt. Ihre Freitreppen, Säulen und Portika gehören einem anderen kulturellen Zusammenhang an. Tresore mit einem zunehmend unbrauchbar gewordenen Ideen- und Gefühlsrepertoire, dösen sie in edler Distanz. Und doch regt sich in ihnen unablässig das Leben. Ständiges Kommen und Gehen, von Künstlern, Zuschauern, Aufführungen, Dekorationen, ein Geräume, Gewese, Gesichte, das an steten Aufbruch und Umzug glauben macht.

Ihnen, die im Theater zu Hause sind, sind besondere Gesetze gegeben. Ihr Gesetzeswerk gründet auf der Konfession der Verwandlung. Sie bilden eine eigene Eidgenossenschaft: Wer nach den Umrissen des Urbildes vom Menschen sucht (eine aufrechte Gestalt, in eine Felswand gekratzt, am Eingang in die Höhle der Geschichte), findet einen Begriff für seine Zeit. Nur wer seine Zeit verliert, findet diesen Umriß. Er hat sich der Konfession der Verwandlung angeschlossen.

Draußen ejakulieren die Kanäle, Bildschirme multiplizieren das Paradies. Es potenziert sich und verschwindet in den Falten und Fächern seiner Reproduktionen. Sein komfortabler Container steht in einer Zwischenwelt. Morgen kann er an Bord eines Überseeschiffes sein.

Ein leichtes zu sagen, er stehe am Rand. Habe sich da helvetisch beschaulich und mit ein bißchen Verachtung für das unübersichtliche Treiben um ihn herum eingerichtet. Fahrenlassend alle Gesten der Widerrede gegen das, was zufrieden und eifrig die Enteignungen und Entzauberungen vorantreibt, seine blendendweißen Zähne vorzeigt und dafür sorgt, daß die Geschäfte des Schlechten das Schlechte mehren. Er hat es doch so gut, raus ist er, fein raus! So ein Sitzplatz an der Südseite, was will man mehr? Sie könnten ihn heftig bestreiten, er ließe es ruhig geschehen, er käme aus anderen Zeiten und würde in andere gehen! Das ließe sich so denken.

Und das hatte er sich auch schon gedacht, aber es gibt keinen Rand mehr. Es gibt nur noch Fähren, Container, Deponien in einem einzigen, großen Paradies. Südseite, Nordseite, spielt alles keine Rolle. Ausland, Heimat, überall umgibt ihn das Paradies, trifft er die Sensationen und Entzauberungen an und sucht vergeblich nach Gelassenheit. Alles ist gleich nah und gleich weit vom Zentrum entfernt. Alles geschieht gleichzeitig. Die Welt kennt das Unzeitgemäße nur noch als Attitüde, und so gut beherrscht er die Sprache und die zynische Parodie noch nicht, um in dieser Attitüde Schutz zu suchen.

Er ist noch immer gefangengenommen von den unerbittlich auf ihn einpeitschenden Sensationen, von denen die Evakuierung begleitet war, noch immer fehlen ihm triftige Erklärungen für sich und das, was mit ihm und um ihn herum passiert ist, noch immer müht er sich armselig um Fassung, rudert in Fassungslosigkeit, klettert hinauf, rutscht wieder ab, schwimmt hinaus, wird zurückgeschleudert.

Wie soll er diese Fassungslosigkeit mit Fassung tragen? Er hat ein Begehren: Die Hand ausstrecken, unsicher zwar, aber ausstrecken, nach unsicheren Händen suchend – und das Gelächter derer, die sich reibungslos im Paradies eingerichtet haben, erreicht ihn nicht. Doch das Begehren bleibt unerfüllt.

Nein, er hört das Gelächter wie einst, obwohl, er hatte sich die neuen Wörter und Zeichen zu bilden und zu deuten bemüht, stotternd, fuchtelnd und den lidlosen Blick auf das Paradis gebannt, in dem er sich nun befand. Er zog durch das Land, durch Deutschland, aus Deutschland hinaus, von Rand zu Rand, und unter seinen Füßen bewegte sich die fremde Erde. Ein sicherer, zweifelloser Rund- und Umblick ist ihm nie gelungen.

Wie schön, könnte man sich ein eigenes, handliches Bild machen und ruhig vor sich hinhalten! Und dann hängte man die alles erklärenden Wörter und Zeichen dran.

Aber da entwindet sich das Bild, und es zerfallen die Wörter und Zeichen. Immer und überallhin folgte ihm dieses Bild. Als Kind sah er es durch die Mattscheibe, später und unverhofft durch die Windschutzscheibe, irgendwann schien er mitten im Sehen selbst in dieses Bild hineingezogen worden, in es eingegangen zu sein. Und fiel wieder heraus. Also formt und deutet er weiter, und vor ihm tut sich eine endlose Flucht von Bildern auf.

II.
Mattscheibe

Schon am Anfang war nichts als das Bild. Längst, bevor man die virtuelle Realität entdeckte, lebten sie in ihr. Im Osten Deutschlands. Die Welt hinter dem gut bewachten Elektrozaun, hinter der Demarkationslinie, dieses Drüben war für sie mehr als eine gelegentliche Erzählung. Schließlich kamen in größeren Abständen seiner Kindheit die Tante aus der Pfalz und die Großtante aus dem Niedersächsischen durch den Zaun und berichteten so selbstverständlich von diesem Drüben, daß es Wirklichkeit sein mußte. Drüben, das waren unwiderstehliche Fakten, das war eine frühe, unwiderstehliche Faktion. Er hatte viele Bilder von ihr. Später kamen Gerüche hinzu, Musik. Aber am Anfang war das Bild. Es war grobkörnig, schwarzweiß, und manchmal fielen breite schwarze Streifen darüber. Es zwängte sich in eine luftdichte Röhre und fiel in feinen Strahlen auf einen Schirm, den Bildschirm.

So konnte er den Westen laufen sehen. Der lief behende durch die knackenden feinen Lichtstrahlen und winkte herüber. In die blasse DDR. Die saß am Ende der schwarzen Kanäle, mit fieberglänzenden Augen. Der Nachrichtensprecher beugte sich über sein Schreibpult und vertraute ihm an, welche Präsidenten und Vorsitzenden sich trafen, wo ein Bankier entführt und wie Bayern München gespielt hatte. Manchmal vertraute ihm der Sprecher sogar Dinge an, die in seinem eigenen Land vor sich gingen und von denen er nur über diesen Bildschirm etwas erfahren konnte. Er lauschte der elektroakustisch verstärkten Stimme, wie sie vom Schicksal eines Lehrers aus Leipzig berichtete, der eine Flugblattaktion organisiert hatte und dafür zu etlichen Jahren Gefängnis verurteilt worden war, er hörte vom sozialistischen Drill seiner Heimat, von der schlechten Versorgungslage und der schwachen Gesundheit Ulbrichts und Breschnews. Die Stimme klang trocken und unbestechlich. Er glaubte ihr. Sie war begleitet von unwiderstehlichen Bildern. Heimlichen Aufnahmen aus der Innenstadt von Leipzig, Short cuts von freigekauften politischen Häftlingen aus der DDR; dem freundlichen und zugleich unnahbaren Auftritt der Nachrichtensprecher.

Ein mächtiges Reich mußte das sein, in dem es so viele, unwiderstehliche Bilder gab. Das seine Augen überall hatte, auch unter ihnen jenseits des Zauns, unsichtbar, alles durchdringend, belastend, kontrollierend. Eine seltsame Genugtuung keimte in ihm, dachte er an das Reich mit den vielen Augen. Wer war schon Argus, der Hundertäugige, dagegen? Ein schwacher, stumpfer, halbblinder Diener niederer Gottheiten. Die Gottheiten des Reiches jenseits des Zaunes verfügten über eine ganz andere Herrschaft. Ihre Diener waren keine stumpfen Wächter, wie er sie aus seiner blassen Heimat kannte, Wächter, die mit zugezogenem Visier die Leute von den Demarkationslinien fernhielten und ihre schmierigen Nasen in die biederen Angelegenheiten des eingeschüchterten Volkes steckten, die Diener dieses Reiches mußten Eroten sein, Verführer und Verlocker, die diese unwiderstehlichen Bilder vor ihm aufstellten, an denen sich seine Augen festsaugten und die seiner Eltern, seiner Freunde, bis sie glänzten und brannten und ihren Glanz erst wieder verloren, wenn die Röhre verblaßte. Eine Lust und eine Sucht war dieses erotische Fernsehen, um das sich mehr und mehr der bescheidene Alltag im Land drehte.

Tag für Tag schlich sich das Drüben in ihr Haus und in die Häuser seiner Freunde und Verwandten. Leise und unaufhörlich schob sich die Faktion des Westens in ihren Alltag. Auf den Nachrichtensprecher folgten Krimi, Western, Show, nachmittags gab's Fußball und Flipper. Was für eine Welt, die sich da in das Wohnzimmer schob! Wie ein Schmetterling, der zwischen grauen Vorhängen zappelt. Und sie gaben acht, daß er nicht hinausflog in die Stadt. Denn da draußen hätten sie nicht wissen dürfen, daß er auch durch ihr Haus flog. Die Herrschenden im Lande haßten diese Bilder, sie erkannten ihren Zauber und fürchteten sich vor ihrem Eros. Ihr sollt kein Bild haben von diesem Drüben! war deshalb ihr oft und eindringlich wiederholtes Gebot in den frühen Jahren, da die Eroten der Elektronenstrahlröhren hereindrangen ins Land. Wir machen euch bessere Bilder, war das eindringlich wiederholte und nie eingelöste Versprechen.

In den ersten Jahren, nachdem sich die Eltern den Bildschirm aufgestellt hatten, schaltete der Vater aufgeregt das Programm um, sobald draußen an der Tür geklingelt wurde. Drückte jemand auf den Klingelknopf, warf sich eine schwarze Linie im Zickzack über das Fernsehbild, und die Stimmen aus dem Apparat gingen in einem fetten Brummen unter, als hätte sich eine Hummel im Lautsprecher verirrt. Hatte der Vater umgeschaltet, blickten sie fremde Menschen an. Auch die waren Nachrichtensprecher, Schauspieler und Showmaster, aber sie kamen aus der falschen Welt. Entweder waren ihm ihre Gesichter unbekannt, oder er fand sie lächerlich. Eine schlechte Nachahmung. Sie hatten keinen Eros, keine Strahlkraft, keine Gnadengabe, und so glaubte er ihnen nicht. Sobald sie den lästigen Besuch an der Tür losgeworden waren, wurde wieder umgeschaltet. Traf jedoch jemand ein, der zu ihren Komplizen zählte und zu Hause selbst das verbotene Programm sah, durfte er sich gern im Familienhalbkreis niederlassen. Mitten in den unwiderstehlichen Bildern. Welcher Zauber ging von diesem Drüben aus! Später begriff er, daß so, wie sie da im Halbkreis samstagsabends vor Kartoffelsalat und Würstchen saßen, die Eltern, die Schwester, die Freunde aus der Nachbarschaft, um der Rudi-Carell-Show zu folgen und der Sportschau, daß so auch die Leute in Bochum und Regensburg im Halbkreis dagesessen haben mußten.

Hört er heute Sprechchöre, ist das wie ein Echolot, das tief in seine Erinnerung reicht. Seit dreißig Jahren hört er dieses Echo: »Deutsch-Land!«, »Deutsch-Land!« Als elektroakustische Wellen drang es aus dem Tesla-Fernseher seiner Eltern ins Wohnzimmer. Dazu sah er die schwarzweißen Massen über dem feuchtheißen Fußballrasen. Geschmückt waren sie mit schwarzrotgoldenen Fahnen. Trafen Beckenbauer und die Kombattanten ins gegnerische Tor, gab es Salut. Über seinem Kinderbett hing eine Postkarte mit den Stars von Berti Vogts bis Sepp Maier.

Neunzehnhundertsiebzig hatten sie zu Hause gejubelt, sogar die Mutter hatte gejubelt, als die Deutschen die Engländer schlugen, in Mexiko. Später empörten sie sich vor dem Bildschirm über die Italiener und ihre rüden Techniken, mit denen sie knapp gegen Deutschland gewannen. In der Verlängerung. Entscheidungskämpfe. Bekkenbauer trug in den letzten Minuten den Arm in der Schlinge. Vier Jahre später dann waren sie nicht mehr zu bremsen. Die Landsleute drüben. Taumel der Begeisterung. Man spielte zu Hause und holte den Pokal. Aber einmal, gegen die DDR, hatte der Weltmeister keine Chance. Lächerlich kam ihnen das vor. Ausgerechnet gegen sie, diese Laien aus dem Osten, hatte der Weltmeister verloren, eins zu null. Man hatte für die anderen gezittert, und am Ende verstand man die Welt nicht mehr. Trotzdem wurde »Deutsch-Land« Weltmeister.

1974 reisten auch Schlachtenbummler aus ihrem Teil Deutschlands in den Westen, nach Dortmund, Hamburg und München, ein paar hundert brave Staatsbürger. Einige von ihnen wurden im Westfernsehen danach gefragt, wie es ihnen denn gefalle im Kapitalismus. Die sächsisch klingende Antwort lautete stereotyp: Ganz gut, aber ich bin froh, wenn ich wieder nach Hause komme. Das mußte er sich nun anhören, mit dem Vater eingesperrt in ihr bescheidenes Wohnzimmerchen! Sie wären auch gern dabeigewesen, aber sie hätte man nicht einmal bis nach Wutha – an den Grenzübergang für den Interzonenzug – gelassen. Sie waren ganz normale DDR-Bürger: mit heftig wucherndem Ressentiment dem Land gegenüber, in dem sie lebten, und nun wurden die Deutschen Weltmeister. Die gelungeneren Deutschen. Das freute seinen Vater und ihn. Es erfüllte sie mit einem unverschämten, vaterlandsverräterischen Stolz. Einem Stolz, dessen Kehrseite Verachtung für die eigene Republik war.

Inzwischen interessiert ihn Fußball nicht mehr. Seit etwa fünfundzwanzig Jahren. Aus irgendeinem Grund hat er die Liebe für diese und die meisten anderen Sportarten in der Pubertät verloren. Aber jene Sprechchöre von damals haben sich in seinem Mittelohr eingenistet.

Als die Herrschenden im Land vorübergehend etwas freundlicher wurden, ließen sie auch ein bißchen mehr Zauber aus dem Westen zu. Gerüche hielten Einzug, der

Geschmack von Mars. Fa – die wilde Frische von Limonen. Obwohl er immer noch nicht dorthin konnte, wo sie blühten. Wie prallten diese Düfte gegen die abgestandene Luft der Heimat. Ein frohes Erschrecken ging durch die Nasen des Volkes. Daß es so etwas zu riechen gab! Der Hahn hinter dem Gasherd in der Küche zu Hause war seit Jahren nicht ganz dicht. Leise und unaufhörlich ließ er ein wenig von dem Gas in Küche und Wohnung, mit dem die Mutter den Wasserkessel zum Kochen brachte, und kein Klempner brachte es fertig, die undichte Stelle zu finden. Dieser Gasgeruch begleitete ihn durch die Kindheit, und er begegnete ihm in vielen Häusern. Es sei denn, die Düfte aus dem anderen Reich kehrten für ein paar Stunden bei ihnen ein.

Unter dem Christbaum lagen Ferrero Küßchen und ein Pullover, den ein ihm unbekannter Junge aus Osnabrück vor ihm getragen hatte. Aus Kaiserslautern gab es jedes Jahr einen Karl May. Er zog mit Kara Ben Nemsi durch die Schluchten des Balkans. Zu seiner Konfirmation schenkte ihm der Großonkel zehn D-Mark. Er gab den Schein der Mutter, damit sie ihm eine Tonkassette im Intershop kaufte. Als er sie in sein Osttonbandgerät einlegte, hielt sie genau eine Stunde. Dann war das Band gerissen. Drüben, das war viel feiner, empfindlicher, zerbrechlicher. Eine virtuelle Realität, die ihren Zauber verströmte, wieder und wieder.

Ohne die Bilder von drüben wäre ihnen die eigene Heimat vielleicht prächtig und verführerisch vorgekommen, so aber sahen sie sie traurig an und drückten das Gesicht in ihre ungelüftete Kittelschürze, um dem Anblick zu entgehen.

Das Westfernsehen bot ein konkurrenzloses Unruhestiftungsprogramm. Solange es von drüben durch die

Röhren leuchtete, fiel das Land in einen narkotisierten Zustand. Das Volk wurde von dem unzugänglichen Reich angezogen. Unerbittlich. Abend für Abend fortgesetzter Genuß von verbotener Frucht. Die Abhängigkeit von den Bildern wuchs. Schoben sich Ansichten der eigenen Heimat darunter, gab es ein kleines, peinliches Kichern. So sehen wir also aus! Wie grau, wie einfältig, wie unerotisch! Was dieses Unruhestiftungsprogramm so alles zu bieten hatte.

Das Kind, das er war, wurde älter, die Verlockung des Drüben größer: auf den Schallplatten von T. Rex und Konstantin Wecker, auf den Seiten der Illustrierten, die Tante Martha heimlich mitgebracht hatte, in den Erzählungen und Briefberichten Christas und Hannelores über die letzten Urlaubsreisen nach Nepal oder Thailand, in den Serien des »Traumschiffs«, wo der Himmel immer blau, und in den Streifen Fassbinders, wo es meist gar keinen Himmel gab und der Abgrund schwarz war. Auf einer Schallplattenwerbung lockte ein großer, tiefroter Mund mit breiten, halbgeöffneten Lippen, die Zunge hing träge und lasziv heraus. Der Mund zeigte die obere Zahnreihe und lachte lautlos und voller Verführung. Es war der Mund von Mick Jagger, für ihn war es der Mund der unerreichbaren Bundesrepublik. In den Intershops, den Herbarien der Verzauberung, auf einer Plastiktüte auf der Straße, überall mitten im Heimatgrau öffnete sich dieser knallrote Mund.

»I can get no satisfaction« hätte gut die Hymne des vom Westen verzauberten DDR-Bürgers sein können. Täglich wurde im Unruhestiftungsprogramm Überlegenheit demonstriert: Freiheit, Gleichheit, Brüderlichkeit, all das, was es im eigenen Land nicht gab, wovon aber unablässig die Rede war, mit vollen Händen wurde es auf den ostdeutschen Bildschirm geworfen. Eine Totalinszenierung des Reichtums. Wer hätte da widerstehen können?

Freiheit, Gleichheit, Brüderlichkeit – die Freiheit war in seinen Augen die größte Errungenschaft unter ihnen. Hier war sie zu besichtigen. Das sah immer toll aus, diese Bundestagsdebatten, in denen sich Politiker – rhetorisch begabter, als man es sich vorstellen konnte – Duelle lieferten, die manchmal ritterlich blieben und manchmal nicht und die dem Wachstum dienten und der freiheitlich-demokratischen Grundordnung und damit sowieso der Wahrheitsfindung, und dann wechselte das Fernsehprogramm, und die Scheiben wurden gewischt, und der Satiriker trat auf den Plan und zeigte dem beeindruckten Zuschauer die dunkle Rückseite und die lautlosen Echos der Debatten, die er eben verfolgt hatte, der Satiriker spaltete den Diskussionsnebel, verstellte die Stimme, verschob die Brille und zuckte ein bißchen mit der Schulter, bis er genügend erheiternde Ähnlichkeit hatte mit einer der Galionsfiguren, und schon griff er tief in die Kiste des deutschen Satiregutes und entlarvte die falsche Zunge der Debattierer und ihr Duckmäusertum und ihren kapitalistischen Zynismus.

Das war Freiheit! Da war man natürlich fasziniert, wenn man das so sah und sich nicht traute, den Kopf aus dem Wohnzimmerfenster zu halten, weil, es könnte ja Erster Mai sein, und man hatte vergessen, die rote Fahne rauszuhängen. Fasziniert und verzaubert war man da.

Mit den Jahren nahm der Zauber noch zu. Drüben zog sie mehr und mehr an, und sie starrten immer häufiger sehnsuchtsvoll nach Westen. Die Gravitation wurde so stark, daß die bis dahin einseitig durchlässige Membran auch von Osten her Löcher bekam. Von Geburtstagsjubiläen Verwandter ersten oder zweiten Grades aus der BRD Zurückgekehrte schienen wie verwandelt. Man hatte drei Tage in Bad Kreuznach geweilt, sich vom Schwager an die Weinstraße chauffieren lassen, für zwei Stunden bei Aachen belgisches Territorium betreten, hatte es auf der A5 kurz vor Frankfurt mit dem Opel der Kusine auf hundertsiebzig gebracht und sich beim Griechen die Speisekarte erklären lassen. Er begegnete Erleuchteten, die für ein paar Tage einer anderen Welt angehört hatten. *Ex occidente lux.*

Im Sommer war er aus Moskau zurückgekehrt, der Stadt, in der die Öfen der Perestroika ausglühten. Er hatte im Prawda-Verlag für eine sowjetdeutsche Zeitung übersetzt und sich daran gewöhnt, in seiner Muttersprache Nachrichten und Ideen aufzuschreiben und in Druck zu geben, die in der Heimat keine Druckerpresse gesehen hätten. Deportationen von Wolgadeutschen und Juden vor und während des Großen Vaterländischen Krieges und auch noch danach, der ökonomische Vorsprung des Westens, Bürgermeister Jelzin beschnitt sich selbst seine Funktionärsprivilegien, Milliarden an Volkseigentum waren verschwunden, ein Psychopath aus Sibirien hatte achtundfünfzig Frauen verführt, ermordet und verspeist. Der Redaktionskollege Shenja hatte seinen Job beim KGB aufgegeben und seine Datsche am Stadtrand behalten. Auf der Gorkistraße kam es zu Handgreiflichkeiten, als amerikanische Touristen beim Joggen versehentlich sowjetische Passanten niederrissen.

Während sich die Sowjetunion zu Ende reformierte und in Moskau das Chaos erwachte, sprang die DDR aus dem Gleis. Aus dem Stillstand. Mit weichen Knien verließ er die Gangway in Schönefeld. In Ungarn liefen die Leute über die Grenze, ohne aufgehalten zu werden, in Prag besetzten sie die Botschaft. Schwarze Züge mit Flüchtigen durchquerten ohne Halt die Heimat. Überall traf er Menschen, die sich zum Aufbruch rüsteten. Nachrichten von Protesten, Zusammenstößen, Festnahmen, Übergriffen der Polizei. Politische Rücktritte, hilflose Gesten der Versöhnung und des Beteuerns, der Showdown. Die große Erregung.

Mehr Licht, lautete die Forderung, und der Ansturm auf die mürbe gewordene Membran sah fast nach einer Revolution aus. Als Politbüro und Membran nachgaben, gingen Elmsfeuer nieder. Es wetterleuchtete, und soviel Licht war nie. Die Leute standen Schlange, sie erwarteten den Eros der Bundesrepublik. Man war gespannt darauf, ob die reale Realität, die nun alle besichtigen konnten, mit der virtuellen Realität, die man seit langem aus dem Fernsehen kannte, übereinstimmte, ob einem also die Freiheit und der Diskurs und die linke und die rechte Kritik wie ein schneidender Wind um die Ohren wehen und den dumpfen Mief des im Käfig der DDR abgestandenen Selbstbewußtseins von der Hirnrinde blasen würden. Oder nicht.

III.
Ausbruch der Wirklichkeit

Wie aufregend ist es doch, einen Staat zu betreten, in welchem die eigene Muttersprache gesprochen wird und in dem doch alles anders zu sein scheint! Die Zeit verging glücklich bis zu der Erkenntnis, daß es eben doch nicht dieselbe Sprache war und man sich auch nicht derselben Wörter bediente. Drüben unterschieden sie zum Beispiel Berlin und Ostberlin, hier Berlin und Westberlin. Die Ankunft einer tatsächlich greifbaren, fühlbaren und dazu noch heftig auftrumpfenden und ausschlagenden Wirklichkeit kam für beide Seiten überraschend, überraschender aber vielleicht noch für jene Seite, in der zunächst einmal fast alles beim alten blieb und weit weniger tatsächlich greifbar, fühlbar und heftig ausschlagend war. Sie hatten dort kein Bild von dem, was auf sie zukam. Einst mochte die blasse DDR ein paar Eisblumen an die Scheibe geworfen haben, aber die waren längst von der Sonne und der Zunge aus dem Jagger-Mund aufgeleckt worden. Und nun diese aufgeregten, derangierten Anverwandten mit Dederonbeutel, Prinz-Heinrich-Mütze und Esda-Strumpfhose. Die anfangs weitaus besser auf die bis eben noch ganz und gar undenkbare Situation vorbereitet zu sein schienen, dank den Eroten aus der Elektronenstrahlröhre, deren Lichtbildersegen sie auf dieses neue Land vorbereitet hatte, vor allem auf seine erotische Seite. Und nun standen sie auf der Reeperbahn, vor Römer und

Hofbräuhaus, und das alles sah ziemlich echt aus: der Golf und der Daimler, die Fußgängerzonen und die Pornozeitschriften. Zauber, wieder und wieder.

Auch er stand blinzelnd davor, die Bindehaut von Salzwasser überspült. Nahm sich vor, sich zusammenzunehmen, setzte wie zu Hause den linken vor den rechten und den rechten vor den linken Fuß, nur mit mehr Bedacht und leise auftretend, stürzte mit den Augen in die vollen Körbe, die Werbeprospekte, über die bisher unangetastet gebliebene Grenze des Virtuellen. Überall zwinkerten ihm gepflegte Sirenen und Eroten vom Straßenrand aus zu. Diese Abwesenheit von Gasgeruch. Die wilde Frische schoß ihm auf die Schleimhäute, Appelle zu schauen und zu lauschen und zu riechen. Farben, Töne, Düfte, nie gesehen, gehört, geschmeckt.

Zum Ende der DDR hatte er in der Nähe des Grenzübergangs Sonnenallee im Berliner Stadtbezirk Treptow gewohnt. Die Leute standen vom S-Bahnhof Baumschulenweg bis zur Paßkontrolle auf einer Strecke von circa zwei Kilometern und blockierten den Bürgersteig auf der rechten Seite. Die meisten Westpilger waren mit Sonderzügen aus Sachsen gekommen, man rief ihm so einiges hinterher, wenn er sich an ihnen vorbeidrängelte, um zu seinem Hauseingang zu kommen. Die Menschenschlange schob sich auch über die Kiefholzstraße, die ungefähr bei Nummer siebzehn in der Mauer verschwand und in Treptow bei etwa hundertdreiundsechzig wieder aus dem Nichts auftauchte. Als er nach Tagen der Hemmung vor der Begegnung mit dem Eros, vor dem Geschiebe im Osten und dem Gejohle im Westen auch durch die Mauer ging, hatte die Welt drüben zunächst einmal ziemlich selbstverständlich ausgesehen.

Von seinen Landsleuten mit den Dederonbeuteln abgesehen, schien sich diese Welt nicht so sehr mit den Dingen zu beschäftigen, die drüben, im Osten, zu tanzen begonnen hatten. Aber wer waren überhaupt die Landsleute? Was für ein Gefühl, von einem Westberliner Busfahrer von der Sonnenallee zum Hermannsplatz gefahren zu werden! Oder in einer Kneipe ein Bier zu verlangen und es auch noch zu bekommen. Die verstanden einen wirklich! Gegen Vorlage des kleinen blauen DDR-Personalausweises durfte man gratis in den Zoo und gratis zurück in die DDR. Und ins Kino durfte man damals übrigens auch sehr günstig, und U-Bahn fuhr man umsonst, nur im KaDeWe, da mußte man richtig bezahlen.

In Berlin-Neukölln klingelte er an der Wohnungstür eines Herrn Bettin, den er nicht kannte. Dieser Herr wohnte in einem Wohnblock, der unmittelbar an der Mauer stand, und besaß die Freundlichkeit, ihm zu öffnen, als er auf der Tafel mit den Namensschildern von Etage zu Etage klingelte. Den Block hatte er jahrelang morgens und abends aus der S-Bahn gesehen, wenn sie in den Bahnhof Plänterwald einfuhr. Herr Bettin war Mitte Siebzig, und als er ihm sein Begehren vortrug, schien dieser nicht beeindruckt und ließ den Besucher kurz auf den Balkon treten.

Drüben am Bahnhof fuhr gerade eine Bahn aus Süden ein. Ein paar Spatzen flogen auf. Als die Bahn wieder anfuhr, hörte er ihren Elektromotor singen. Er hielt einen Moment lang die Augen geschlossen und sah sich in der S-Bahn sitzen. Herr Bettin unterhielt sich im Treppenhaus mit einer jungen Türkin. Als ihm der Besucher zehn D-Mark für die Gelegenheit zum Sightseeing bot, schob ihn Herr Bettin leise kichernd durch die Tür. Man mußte nur reden und wurde verstanden, bildete sich der Besucher ein.

Und als er dann von einem seiner neuen Landsleute gefragt wurde, ob es ihm hier gefalle, hätte er da nicht »Ja!« antworten sollen?

Die Trennlinie zwischen Ost und West entwickelte große Anziehung. Von der Wasserkuppe aus suchte er das Gelände jenseits des Werratals nach dem Ort seiner Kindheit ab, von dem aus er früher bei gutem Wetter die Nachrichtenantennen auf dem Rhöngipfel hatte sehen können. Die Protokollstrecke fuhr wie ein Reißverschluß durch den Wald und über die Felder.

Das Gelände am Grenzstreifen zog ihn mehr an als die übrige Welt. Am Anfang. Ging er querfeldein, hatte er sich vor Minen in acht zu nehmen. Über das mannshohe Gras des Niemandslandes zogen Sperber und Pirole, Rehe kreuzten den Weg. Unter einem verlassenen Wachturm tummelten sich Salamander in hellen Pfützen. Hin und wieder überraschte ihn eine Orchidee. Für einen Naturgeschichtsaugenblick von vierzig Jahren, zwischen dem Krieg und der Vereinigung eines Landes, hatte Mitteleuropa eine Zone geborgen, in der der Mensch abwesend war, eine Zone menschenunberührten, reichen, seltenen Lebens, durch Stacheldraht und elektrischen Strom vor den Anbrandungen der Zivilisation geschützt.

Vor einer Schutzhütte am Brocken stand ein Sowjetsoldat mit hochgezogenen Schultern und hoffte auf eine Zigarette von den Silvesterausflüglern. Drinnen gab es Wiener Würstchen und Coca-Cola. Fünfundvierzig Jahre lang war dieser Sowjetsoldat hier oben allein gewesen. Jetzt kamen sie von hüben und drüben, und der fröstelnde Rotarmist lächelte sie bettelnd an. Heine hatte hier oben mit Greifswaldern, Hallensern und Schweizern die Tassen gehoben und den Sonnenaufgang abgewartet. Ein durch und durch deutscher Berg sei ihm der Brocken gewesen: Er rage unpraktisch und einsam aus den Wäldern empor und präsentiere in aller Gründlichkeit die umliegenden Dörfer, Städte und Landschaften.

In der Stunde Null hatte das Land gebebt: Wie ein wild gewordener Keiler jagte ihn die neue Wirklichkeit. Er floh durch den Vordereingang in ein kleines Theater im Harz und durch dessen Hintereingang wieder hinaus. Zottig, schäumend, mit scharfer Witterung drehte die neue Wirklichkeit auf der Bühne ein paar Runden und jagte die Kunst in die Gassen. Ein paar Theaterstunden lang war darauf Revolution. Manifeste wurden unter dem aufbegehrenden Volk ausgerufen, Wahlpropaganda aus dem Schnürboden gelassen, Parteistimmen wirbelten über dem Orchestergraben, es war frei, dieses Volk, denn es war das Volk. Bald aber wurde der Protest leiser, verlor seinen Schaum und seine Schärfe, zahm wie Lämmer standen die Revolutionäre zwischen den alten Dekorationen.

Später fragte ihn der Chefdramaturg des kleinen Stadttheaters, ob er mit ihm die Leitung des Hauses übernehmen würde. Funktionäre aus der Bezirkskulturverwaltung Erfurt, die es schon einen weiteren Monat darauf in dieser Verwaltung nicht mehr gab, hatten ihm die Intendanz angetragen, nachdem sich der Vorgänger im Sturm der neuen Wirklichkeit ungewöhnlich schnell einsichtig gezeigt und seinen Platz geräumt hatte. Jetzt seid ihr dran, soll er zum Abschied gesagt haben.

Das Theater lag in einer Kleinstadt am Grenzstreifen, durch die nun Tag und Nacht der Dienstleistungsverkehr strömte. Unversehens wurde er gemeinsam mit einem anderen Chef von dreihundertfünfzig Leuten: Musikern, Sängern, Tänzern, Schauspielern, Technikern. Nie zuvor hatte er an einem Theater gearbeitet, nie zuvor Verantwortung für andere Menschen gehabt. Die Situation war absurd, aber was war in diesen Tagen nicht absurd? Theater war ein dunkler, fremder Raum. Er wußte weder, wie man das bisher gemacht hatte, noch, wie man es jetzt machen sollte. Er betrat diesen dunklen, fremden Raum und hörte die Stimmen seiner neuen Kollegen um sich herum. Je länger er sich durch das Dunkel bewegte, um so vertrauter wurde es ihm. Er lernte Fehler machen und vermeiden. Seine Irrtümer halfen ihm, sich zu orientieren. Seine Ahnungslosigkeit wurde seine Rettung. Er mußte sein Leben ändern.

Während die Menschen in der Stadt für fünfundzwanzig Mark Ost und fünfundzwanzig Mark West mit einem Reisebus für acht Stunden Paris heimsuchten, schlechten Pfälzer Wein und die ersten Videogeräte für sich entdeckten, entdeckte er den schwarzen Raum des Theaters. Die Aufhebung der Normalzeit. Andere Zeiten, andere Koordinaten. Schlafen, arbeiten, essen, alles asynchron zur Welt draußen. Er lernte, daß die Regeln der Kunst vor allem Regeln des Lebens waren. Theater, erkannte er, war weder eine Kunst- noch eine Organisations-, sondern eine Lebensform.

Auch die Nachbarn von jenseits der jetzt offenen Grenze entdeckten das Theater – ihr Theater. Vierzig Jahre lang vermißt. Die meisten Besucher zahlten mangels DDR-Geldes ihre Billette in D-Mark. Davon ließ er die ersten Computer für die Verwaltung kaufen. Am Ende der Spielzeit, im Frühjahr neunzig, war eine chorlose Oper geplant. Mühelos überzeugte er die Damen und Herren des Chores, das Foyer seiner trostlosen Gardinen und Teppiche zu entledigen, farbloser Fetzen stumpfen Kunststoffes, die selbst die Spuren der ausgelassensten sozialistischen Festgelage in ihr zeichenloses Grau-

braun versenkt hatten. Im Namen der Belegschaft for-
derten Sprecher die Herausgabe der Personalakten, die
Kaderabteilung versah ihren letzten Dienst. Der Charak-
tertenor kaufte sich den ersten gebrauchten Opel Kadett,
ein Regieassistent verschwand spurlos.

Aus einem nahe gelegenen Kurbad im Niedersächsischen erreichte ihn die Depesche eines Kammersängers
a. D. österreichischer Herkunft. Endlich könne er die Gäste seines Kurhotels musiktheatralisch erfreuen, wenn, ja
wenn nur das von ihm geleitete Theater mitmachen würde. Er unterbrach darauf das Nachdenken des Hauses
über den Einbruch der neuen Wirklichkeit in den plötzlich autonom und unübersichtlich gewordenen Kunst-
raum und beauftragte seine Leute mit der Planung unter-
haltsamer Offenbach-Einakter, die den Ansprüchen von
Kurgästen in Berghotels genügen würden. Die Bühnen-
technik errichtete vor dem Hotel, das einer kleinen Villa
glich, eine Holzbühne mit Regendach.

Als die Plakatkleber des Theaters sich bemühten, ihre
Ankündigungen von »Ba-Ta-Clan« und »Ritter Eisenfraß«
bei den Händlern im Kurort unterzubringen, mußten sie
feststellen, daß der Kammersänger nicht sonderlich beliebt war unter den Leuten. Zu den Vorstellungen versammelten sich neben dem Hotel- und dem Theaterper-
sonal ein Dutzend ältere Damen, die die Darbietung als
willkommene Grundierung für eine ungestörte Plauderei
über vergangene Zeiten nutzten.

Mit den ersten freien Kommunalwahlen kündigte sich
an, daß das Theater Eigentümer und Betreiber wechseln
und künftig aus dem schlaffen Stadtsäckel zu tragen sein
würde. Der neue Bürgermeister hatte bisher den Augen-
hintergrund der Bürger seiner Stadt ausgeleuchtet und
ihren Augendruck gemessen. Nun hatte er seine Praxis

aufgegeben. Beim ersten Gespräch ließ er die Theaterleitung wissen, er ziehe es vor, die großen Dichtungen in der Zurückgezogenheit des eigenen Heims zu genießen.

Dienstfahrten ins andere Deutschland entrückten ihn den hergebrachten mühseligen Zusammenhängen. Entfernung und Geschwindigkeit erkannte er als Nebensächlichkeiten, die mit einemmal bedeutungsvoll geworden waren. Wenn er nachts auf der Autobahn zwischen Dortmund und Kassel die roten und weißen Lichter aus dem Dunkel hervorschnellen sah, dann wieder jene blauen Wegweiser mit Städtenamen, denen er fünfundzwanzig Jahre lang ausschließlich in Erzählungen und Atlanten begegnet war, wenn aus dem primitiven Autoradio Nachrichten über das Zwölf-Punkte-Programm des Bundeskanzlers und eine bevorstehende Währungsunion drangen, schien es ihm, als löse sich in seinem fahrenden Faradayschen Käfig Kilometer für Kilometer, Nottelefon für Nottelefon, Rotlicht für Rotlicht seine Haut von ihm ab. Schicht für Schicht.

Auf diesen Fahrten lernte er, sich im Paradies zu behaupten. Trainingsgerät war ein »Wartburg Tourist«. Von wegen überholen. Überholen kam nur bei Schwertransportern in Frage oder einem Trabi aus der Heimat. Stolz konnte nicht aufkommen, denn die Lichthupen, mit denen man in den ersten Tagen nach Grenzöffnung von entgegenkommenden Fahrzeugen enthusiastisch und sportiv begrüßt worden war, blitzten nun im Rückspiegel, sobald man im mählichen Ost-Tempo auf die Überholspur wechselte. Das neue Tempo lernen hieß, sich ganz rechts am Fahrbahnrand zu halten und die veloziferische Konkurrenz zu beobachten. Er entdeckte die Macht von Magnetkarten beim Passieren von Parkhausschranken.

Die spiralförmigen Betonauffahrten, die grünen und roten Lichter im Halbdunkel, die eng aneinandergeschobenen Blechleiber verliehen Parkhäusern den Charakter einer Vorhölle.

In Göttingen traf er den Chefdramaturgen, eine respektgebietende Erscheinung mit eisgrauem Haarschopf und ebenso eisgrauen Augen, im Halbdunkel seiner Abteilung. Offenbar machte der Ankömmling einen mitleiderregenden Eindruck, denn nachdem ihn der kapitale Herr Dramaturg ausführlich von oben bis unten gemustert hatte, mit weitem Blick seine Hosen- und Jackennähte abfahrend, ließ er die Sekretärin erst einmal ein Glas Mineralwasser bringen, das jetzt Mineralwasser hieß und nicht mehr, wie in der DDR, »Selter«. Er setzte sich in den schwarzen Raum des Theaters von Göttingen und sah eine Aufführung der »Möwe«. Da diese »Möwe« jedoch aus Moskau stammte, aus Tschechows Künstlertheater, hörte er nicht die Stimmen der Schauspieler und die Sprache Anton Pawlowitschs, sondern das Piepen aus den Kopfhörern der Zuschauer und den hastig raunenden Übersetzer. Die Aufführung mochte zwanzig Jahre alt sein, staubiger Sowjetrealismus. Der Chefdramaturg, den er nach dem Schlußapplaus, der niedersächsisch herzlich ausfiel, in der Cafeteria traf, war stolz. Er wagte keinen Einwand.

Aus dem Münsterland erreichte ihn die Initiative eines österreichischen Opernregisseurs, man möge unter den Ost- und den Westtheatern eine Tauschbörse für ausrangierte Dekorationen und Maschinen gründen. Er selbst hätte eine Untermaschinerie von Borsig aus zuverlässiger Vorkriegsproduktion zu bieten gehabt. In Anbetracht der schrottreifen Ausstattung im eigenen Haus verfolgte er die Aktion des Österreichers mit gespannter Sympathie.

Ein paar Monate später jedoch setzten die großen Sanierungsprogramme aus Bonn ein, und die abgelegten Sachen aus den ohnehin alten Bundesländern verloren rasch ihre Attraktivität. Bald hatten viele der mürben Stadttheater des Beitrittsgebietes ihre Freunde im Westen in technischer Hinsicht überflügelt.

Das ferne Land an der Ruhr zeigte sich für die Kondition seines Wartburgs und die zulässige Menge an verfügbaren Benzinkanistern als kritische Herausforderung, aber es ehrte sein bescheidenes Abenteurertum mit vertrauten Ansichten engstehender Schornsteine und Strommasten, wippenden Beifußes und Wiesenschaumkrautes über den Gleisen. Imbißbuden boten Gerichte feil, die er aus dem Kaukasus kannte, und die Leute tranken Bier, trugen Handbeutel und krempelten sich die Ärmel hoch, als wären sie in Halle an der Saale. Eine Polizistin setzte sich neben ihn in den Wagen und wies ihm den Weg zum Schauspielhaus.

Daß er aus einem kleinen Theater und zudem von drüben kam, handelte ihm wiederum nur die Begegnung mit dem Dramaturgen ein, der vor dem Fall der Mauer in den Westen gegangen war. Da saßen sie, der Proselyt und der Befreite, der in die Demokratie Geflohene und der von ihr Heimgesuchte, saßen und betrachteten den austrocknenden Schaum in ihren Cappuccinotassen. Zu sagen hatten sie sich nicht viel. Man spricht nicht gern von fehlgeschlagenen Ankünften. Und das Theater im Land der Ruhr, das stolze: Was konnte es schon für die aus den Armen des DDR-Staates entlassene kleine Bühne hinter den sieben Bergen am Rande des Harzes tun?

Plötzlich stand ein Angestellter der Stadtregierung vor den Cappuccinotassen und den sprachlosen Theaterleuten und bat den Gast ins Rathaus. Der Mann trug gelbe

Strümpfe unter dem blauen Anzug, Schweißtröpfchen unter der Nase und berlinerte sehr fremd auf ihn los. Das Anliegen des Mannes nannte sich Städtepartnerschaft, Städtepartnerschaft zwischen der Ruhrgebietsgroßstadt und dem kleinen Ort hinter den sieben Bergen. In einem wappenverzierten, halligen Rathaussaal mit unpraktisch hohen und schweren Stühlen um einen abgewetzten Eichentisch nahmen ihn zwei Funktionäre ins Gebet.

In vier Wochen wolle man mit vierhundert Freiwilligen per Reisebus in den Harz kommen und einen Städtepartnerschaftssonntag begehen. Die Kosten werde eine Brauerei übernehmen, man könne mit Oberstadtdirektor, Blasmusik, Journalisten und diversen Repräsentanten des öffentlichen Lebens rechnen. Eine Karte seiner Kleinstadt wurde ausgebreitet, mit roten Punkten an den Stellen, wo in den Tagen vor dem betreffenden Sonntag Festzelte aufgestellt werden sollten. Hinter dem Rücken des Mannes im blauen Anzug öffnete sich hin und wieder spaltbreit eine schwere Tür, sonores Gelächter wogte herein.

Als er am Städtepartnerschaftssonntag, der tatsächlich durch seine zuverlässige Vermittlung zustande gekommen war, dem Oberstadtdirektor vorgestellt wurde, erkannte er das Lachen wieder. Die CDU-Opposition hatte auch ein paar Damen geschickt, die jedoch nur lächelten, und alle hielten sich Thüringer Bratwürste vor den Mund und sprachen vom Aufbau. Ein Journalist mit Lederjacke und Pickeln im Gesicht setzte ihm auseinander, daß im Ruhrgebiet die SPD eine unanfechtbare Machtposition innehabe. Daher auch die miese Politik. Die könnten inzwischen sogar einen Besenstiel zur Wahl aufstellen, meinte der Journalist mit einem konspirativen Blick hinüber zum Oberstadtdirektor. Die Zeitung, für die er beobachtend in den Harz gekommen war und die sich

»Allgemeine« nannte, kaufte gerade die einstige Bezirks-
zeitung der SED und sicherte sich Tausende von Abonnenten.

Das Werkstattgebäude seines Theaters, in dessen Haupt-
saal eine armselige Probebühne untergebracht war, hatte
einst der Freimaurerloge gehört. Ein paar reife Herren
mit mähnigen weißen Haaren und in etwas altmodi-
schem, aber feinem Zwirn tauchten aus dem Niedersächsischen auf und hatten das Gebäude besichtigt. Die Herren trugen gewiß stets ernste Mienen und erinnerten an
die Würde längst vergangener Zeiten ihrer Loge. Dann
überzeugten sie das Theater vom An-und-Für-Sich einer
solennen Erinnerungsstunde. Der Bürgermeister fand sich
ein, und die versammelte Gemeinde sang Erbauliches.
Später bestand das Theater Versuche feindlicher Über-
nahme. Die Logenmänner schickten scharf gefeilte Briefe
und machten darin Anspruch auf die Bruchbude geltend,
in der die Handwerker hausten und die Schauspieler gerade »Nathan der Weise« probierten. Sie parierten die
Briefe und Ansprüche ohne alle diplomatischen Um-
schweife, und so blieb alles, wie es verfiel.

Der friedlich aufregende Revolutionswinter ging zu
Ende, der Frühling kam, der Sommer, und der Zauber,
den uns die Eroten des Paradieses verheißen hatten, er
hielt noch ein wenig vor.

Dann zählte man zum letzten Mal die Mark der DDR,
und in den Wochen vor dem ersten Juli saß er in seinem
Büro und fragte immer wieder in den Hörer seines Tele-
fons hinein, wie man sich das mit der Lohnzahlung für
den nächsten Monat vorstelle. Immerhin vierhunderttau-
send hatte er an die dreihundertfünfzig Mitarbeiter aus-
zuzahlen, und die wollten in den Süden, Norden, Westen,

nur im Osten wollte zur Ferienzeit bestimmt niemand bleiben. Von verschwundenen Geldtransporten war die Rede und von anderen, die ihr Geld unterwegs verloren hätten.

Am goldenen Tag stand er mit den anderen in der Schlange vor der Notenbank. Man tauschte eins zu eins und eins zu zwei. Später überzeugte ihn ein freundlicher, wohlhabender Mann aus Bielefeld, man hätte damals die Vermögen der Ostdeutschen nicht eins zu zwei, sondern eins zu zehn umtauschen und das gesparte Geld in den Aufbau stecken sollen.

Großbanken errichteten in unauffälligen Containern ihre Stützpunkte. Später übernahmen sie Villen der Stadt, die zuvor von DDR-Behörden oder der Kommandantur der Sowjetbesatzung geräumt worden waren. Als diese Zeit vorüber war, entdeckte ein Freund bei der Auflösung der Wohnung seines Vaters 47 000 DDR-Mark unter dem Wachspapier auf einem Regal des Küchenbuffets. Der Mann hatte – wie viele andere – der staatlichen Geldverwaltung nicht getraut. Nun war es zu spät für eine Revision. Das Geheimnis, warum er das Geld nach der Währungsunion nicht eingetauscht hatte, war mit ihm ins Grab gegangen.

Im höchsten der historischen Augenblicke, dem 3. Oktober 1990, traf man sich zum Zusammenschluß der ost- und westdeutschen Theatervereine in der Staatsoper Unter den Linden im Apollosaal. Er saß zwischen zweihundert Impresarios, die durchschnittlich fast doppelt so alt waren wie er, vor den Marmorsäulen der Staatsoper. Neidlos sah er die Überlegenheit der Direktionskollegen aus dem Westen vor sich aufblitzen. Unter ihnen waltete wenig Überraschung über die neue Wirklichkeit, die sich da anheischig machte, das System ihrer Theaterpolitik, ihrer Tarifverträge und Bühnenbräuche ein bißchen zu stören. Sie verfügten über eine bewundernswerte Zuversicht zu wissen, was diese Wirklichkeit noch bringen werde. Einer ehrgeizigen Festrede entnahm er die Feststellung, wo sich alles durch Vereinigung und Verwischung der Spuren beweise, habe die Kunst die Unterschiede, die Wunden offenzuhalten.

Die Amtsgenossen aus dem Westen widmeten sich den Unterschieden und den Wunden. Sie kamen, die Theater im Osten vor ihrem künstlerischen und ökonomischen Ruin zu retten. Er staunte über ihre Zungengewandtheit, ihren forschen Diskurs gegenüber der neuen Politik, ihre Erfahrung, den Trenchcoat, die Rolex. Sie glänzten in den Diskussionen des Bühnenvereins, wenn es um die Zukunft der deutschen und speziell der ostdeutschen Theaterlandschaft ging. Nur manchmal, wenn sie sich unbeobachtet fühlten, trat ein großes Fragezeichen auf ihre Stirn, und wie abwesend fuhren sie sich mit der Hand durch das schüttere Haar, die Augen in eine unbestimmte Ferne gerichtet. Solche Momente nutzten die anderen West-Kollegen, um dem ahnungslosen Zugang aus dem Osten zu erzählen, daß dieser Mann schon an dem einen oder anderen Haus im Ruhrgebiet oder in Bayern gescheitert war.

Durch kuriose Zufälle wurde er Mitglied im Deutschen Kulturrat zu Bonn, einem Kreis von Lobbyisten, der sich einmal im Jahr in einer Jugendstilvilla in der Nähe der Universität traf und in Sitzungen bei sacht durch Kastanien abgedunkeltem Licht und Apollinaris darüber brütete, wie man eine wirkungsvolle Aktion der VG Kunst oder der Stiftung Lesen auf dem Bonner Parkett inszenieren könne. Künstlerverbände sollten in Symposien vortragsweise aufeinander einreden, Politiker in die Vorträge verwickelt werden. Jemand hatte darüber mit einem Ministerialdirigenten Müller gesprochen, dann wurde beschlossen, Staatssekretär Schulze einen Brief zu schreiben, in dem dieser aufgefordert wurde, zur Einweihung der Ausstellung »Die Geschichte der Theaterbesucher-Organisationen seit 1945« eine Ansprache zu halten. Zum Ende der Sitzungen wurde meistens eine Resolution gegen die schlechte Behandlung von Künstlern verfaßt.

Er war der einzige aus dem Beitrittsgebiet diesem Klub Beigetretene. Dummerweise hatte ADN von seinem Beitritt erfahren und daraus eine größere Meldung gemacht, wodurch der Deutsche Kulturrat im Neuen Deutschland als engagiertes politisches Gremium zum Schutze der kulturellen Substanz in der Republik vorgestellt wurde. Soviel überregionale Resonanz hatte der Deutsche Kulturrat selten erhalten, und nun kam sie leider von der falschen Seite, im Neuen Deutschland. Das hatte ihnen der Neue aus dem Osten eingebrockt!

Die Damen und Herren, die ihn auf der nächsten Vierteljahrestagung des Klubs bei abgedunkeltem Tageslicht und Apollinaris zur Rede stellten, waren alle zwanzig bis fünfzig Jahre älter als er, hatten an einem Institut oder einer Hochschule ein Lehrstühlchen, publizierten wichtige kulturpolitische Beiträge in den einschlägigen Lokalblättern des Rheinlands und in Fachzeitschriften, berieten Senatoren, Bundestagsmitglieder und die freie Wirtschaft bei Kulturprojekten, waren engagiert, aufgeklärt und fasziniert von den politischen Umbrüchen im Osten Deutschlands. Vom Einbruch eines vorlauten Ossis in ihren abgedunkelten Kreis waren sie weniger fasziniert.

51

Von den Senioren einmal abgesehen, gehörten die Damen und Herren sämtlich zum Lager derer von 1968. Als irgendwann der Bund, der den Klub finanziell unterstützte, nicht mehr so recht wußte, ob er das noch wollte, zog man den Joker, der lebenslang nie seine Wirkung verfehlt hat, und machte den Ehren-Achtundsechziger August Everding zum Präsidenten der Veranstaltung. Damit war der Deutsche Kulturrat vorläufig gerettet.

So also sahen die linken kritischen Intellektuellen am Rhein aus. Sehr links, sehr kritisch, sehr engagiert, sehr aufgeklärt. Ihr Sehkreis reichte im Osten mindestens bis nach Kassel. Diese Leute erinnerten an die Politniks untergegangener Zeiten, nur war aus dem gesellschaftlichen Auftrag ein Projekt und aus dem Funktionär ein Lobbyist geworden.

Die Agenten von Krankenkassen und Versicherungen gaben sich die Klinke in die Hand. Sie traten in sein Büro, in sein Wohnzimmer, er bot ihnen Platz an auf einem zweisitzigen Malimo-Sofa, und schon sangen sie von den Säulen der deutschen Sozialpartnerschaft, Risikoprämien und Beitragsbemessungsgrenzen. Sie zwinkerten ihm zu, wenn sie ihm ein Angebot machten, mit dem man der Firma, die sie vertraten, ein Schnippchen schlagen und die besten Vertragsbedingungen bekommen konnte. Da sie die Aktenordner auf den zusammengepreßten Knien hielten, sahen die Leute immer ein bißchen so aus, als würden sie frieren. Die neuen Deutschen erwarben Schwimmkurse für den neuen Sozialstaat. Daß selbst Rettungsschwimmer Mühe haben würden, durch die anbrandenden Brecher zu kommen, ahnte noch kaum jemand.

Das Geld wurde mehr, und schon kamen die Wechselstuben von Edeka und Spar, in denen sich das Geld gegen den Zauber eintauschen ließ. Supermärkte legten die ostdeutschen Konsumenten vor ihrer eigenen Haustür an die Kette. Wo es ein bißchen länger dauerte, entstanden Warenlager in Zelten. Es gab mehr Geld und mehr Ausgaben, die Ausgaben stiegen schneller. Die Wohnung, in der man seit zehn Jahren unsaniert hauste, kostete bald im Monat soviel wie früher im Jahr. Vom Wechselkurs ganz zu schweigen, aber Wechsel gab es jetzt nur noch in der einen, unteilbaren Warenwelt.

Sie tauschten ihre alten gegen neue Autos. Sein Wartburg war soviel wert wie die Winterreifen und das Autoradio des Mitsubishi. Unaufhaltsam schrumpfte das Land, die Städte rückten zusammen, die Zeit atmete im Fieber. Alles sprach vom Aufbruch, alles ging schneller. Als hätte es generalstabsmäßige Vorplanungen gegeben, rollten die Aufbauwerke die alten löchrigen Straßen ein und neue Trassen aus. Die Telefonnummern schrumpften auf binnenländische Zahlenkombinationen, Verbindungen wurden aus dem Stand hergestellt, Postleitzahlen angeglichen. Sein Land trat bei. Heftig und unwiderstehlich. Wachstum und Blüte waren angekündigt, also rang man um Wachstum und Blüte, oder man wartete einfach darauf. Die Gegenwart der frühen Neunziger war der allergische, diffuse Anfang der besseren Zukunft. Denn es mußte ihnen doch gelingen, daß die Sonne schön wie nie über Deutschland schien.

Satellitenschüsseln winkten über den Städten und tasteten den Himmel nach immer aufregenderen Kanälen ab, bis der Nektar hereintropfte, Zeitungen wurden gegründet, übernommen, umgetitelt, unter Prospektbergen wurden die letzten Briefe im Briefkasten begraben, die man sich noch Zeit genommen hatte zu schreiben, bevor man resigniert zum Telefonhörer griff. Dann aber spuckten schon die ersten Faxgeräte ihr Papier aus, kiloschwere Autotelefone wurden im Fahrzeug montiert, denn er mußte erreichbar und greifbar sein, das Theater, die Welt, sie griffen nach ihm, oder er bildete sich ein, sie griffen nach ihm, und er war zu feige und zu verantwortungsbewußt, um zu entrinnen, und so ließ er sich anketten und vertraute sich dem Strom an.

Alles floß. Menschen, Hoffnungen, Geld, Menschen. Höher, schneller, weiter. Mit einem Auge auf dem Drehzahlmesser, mit dem anderen bei den Zuschauerzahlen. Mitten im Strom sein. Sie fanden keine Zeit, das Boot an Land zu bauen. Sie stießen sich mit den Holzsparren vom Ufer ab und fügten sie zu einem Floß zusammen, während sie schon mitten in der Strömung trieben. Um sie herum öffneten sich Grenzen und Schleusen, der siegreiche Kapitalismus überrannte den sterbenden Sozialismus, die Menschen seiner alten Heimat wurden aus ihren Nischen katapultiert. Der Geruch von Waschmittel, bleifreiem Benzin und frischer Druckerschwärze legte sich über den flachen, gelben Qualm aus den braunen, kohlebeheizten DDR-Haushalten. Von Haus zu Haus gingen die Häscher der siegreichen Welt und kerbten ihr Kreuz in die Türen der neuen Konsumenten.

Ihnen blieb keine andere Wahl, als zu den alten Tricks zurückzukehren. Zu Shakespeare und Mozart. Und die Fäden und Nabelschnüre, die hinaus ins Labyrinth Deutschland führten, sie wurden länger und dünner.

Einst, als die Mauer noch stand, war die Stadt im Harz, deren Theater er nun leitete, so in den Zonenrand hineingekerbt gewesen, daß jeder Weg zu ihr für den Durchgangsverkehr gesperrt blieb. Hinter den letzten Häusern der Stadt begann das Niemandsland, und dahinter ging es ins Nichts. Nun war die Stadt zur Passage geworden, zum sächsisch-thüringischen Touristen- und Konsumentenventil. Pkw-Ketten, die vom Kyffhäuser aus an sich träge in der Sonne räkelnde Riesenechsen erinnerten, zogen sich durch den industriezerklüfteten Leib der Stadt. Alles wollte weg, wollte Morgen, wollte Westen. Korn, Kaffee und Knaster hatte diese Stadt einst zur allseitigen Befriedigung der sozialistischen Bedürfnisse beizutragen gehabt, Remedien des Volksenthusiasmus. Und da Enthusiasmus wieder hoch im Kurs stand, erfuhr ihre Produktion in der Stadt auch keine wesentlichen Einschränkungen.

Trotzdem, die Zeichen der Sorge mehrten sich. Der Eros des Paradieses hatte seine Pfeile verschossen, nicht genug, um den Zauber ewig fortdauern zu lassen. Sie müßten schon noch eine Weile ranklotzen, bevor es ihnen so gut gehen könne wie den anderen drüben. Freiheit, das bedeute Verantwortung. Das klang bald wie eine Drohung.

Die Zentrale des Amtes für Staatssicherheit im Ort mußte dringenderen Aufgaben weichen. Die Archive wurden sortiert und an übergeordnete Behörden weitergegeben, dann hielt das Arbeitsamt Einzug. Das schlechte Gewissen gegen die neue Not getauscht. Nach den Regelanfragen, die Vergangenheit betreffend, die Regelanfragen, die Zukunft betreffend. Andere Formulare, andere Stempel, aber wieder der Geruch von Angstschweiß und Anmaßung auf den Korridoren. Kaum war die neue Behörde geöffnet, schon gab es die ersten Arbeitslosen. Abbaumaßnahmen im Baugewerbe und bei den Motorenwerken, vom neuen Management entschieden. Bisher hatten die Leute wenig Chancen gehabt, aus sich etwas zu machen. Sie hatten bei der IFA gearbeitet, bei Nord-

brand, ohne große Perspektiven, aber auch ohne Gefährdungen. Nun gab es Chancen und Risiken. Die Gesellschaft der zweideutigen Notwendigkeiten war der der
zweideutigen Möglichkeiten gewichen. Die Post versand-
te vor allem Werbeprospekte und blaue Briefe.

Zwar fuhr man immer noch unaufhörlich mit seinem
neuen Auto, sah unaufhörlich die neuen Fernsehprogram-
me und telefonierte ebenso unaufhörlich, aber der Enthusiasmus bröckelte. Traf der blaue Brief ein, hatte man
die Freiheit und die Verantwortung, die neue Behörde
aufzusuchen. Es begann der Aufbau mit den großen Gesten der Mächtigen und den kleinen Sprüngen des Volkes. Vor den Betriebsschließungen die Versicherungen
und Verheißungen des Strukturwandels.

Im Öffentlichen Dienst setzten die ersten Entstasifizie-
rungsaktionen ein. Mit der Aufklärungsarbeit entstand
das Ressentiment gegen die Aufklärungsarbeit. Berufs-
verbote wurden ausgeteilt wie früher Jahresendprämien.
Beamte aus dem Westen ließen sich Buschzulagen zahlen,
um den Zucker ihrer Bürokratie in den Aufbaumotor zu
schütten. Subtil und flächendeckend. Ministerpräsidenten richteten sich vornehmlich lächelnd und winkend vor
den Fernsehkameras ein. Manchmal erkannte er diese Gesichter aus der Bilderwelt des Schwarzweiß-Fernsehens
seiner Eltern wieder, aus der er längst entlassen war. Die
sich ausbreitende neue Wirklichkeit wurde dadurch nicht
vertrauter. Ließ sich nicht abschütteln.

Man trat aufs Gas, die neue Wirklichkeit im Rückspiegel. Vorbei ging's an den gekachelten Dörfern Nord-
frieslands und den frisch gestrichenen Bauernhäusern in
Oberbayern. Noch einmal fuhr er auf die Insel Usedom
über die verschwiegenen Landstraßen Mecklenburgs, auf
denen am Morgen grüne Lindenblüten aufwirbelten und

an deren Rändern Männer in orangefarbenen Westen die Bürgersteige mit massiven Steinplatten befestigten, während hinter ihnen die Dorfkaten einzustürzen drohten. Immer häufiger sah er das halbgefrorene Grinsen westdeutscher Gesprächspartner, wenn er unvorsichtig erwähnte, an einem Theater zu arbeiten. Daß es dafür im Osten immer noch Geld gebe! So schlimm könne es dann ja wohl um die wirtschaftliche Lage drüben nicht stehen! Also unterließ er künftig die Erwähnung seiner Beschäftigung, immer häufiger unterließ er auch die Gespräche. Dafür konzentrierte er sich auf das Theater. Auf seine Szene, seine Kantinen, seine Intrigen, seine Politiker, seine Opfer, seinen Zauber.

Mochten besonders die alten Bundesländer Bayern und Nordrhein-Westfalen schreien, Bonn ließ es sich nicht nehmen, sich in die Kulturpolitik einzumischen und Substanzerhaltungsprogramme aufzulegen und fortzuschreiben. Unter dem Vorwand, der Aushöhlung der kulturpolitischen Hoheit der Länder entgegenwirken zu wollen, drohten die Leute aus München und Düsseldorf mit einer Verfassungsklage. Von welcher Hoheit war da eigentlich die Rede? Thüringen, Sachsen und die anderen im Osten hatten leere Taschen und eine platinschwere Kultursubstanz. Nirgendwo gab es diese Häufigkeit von Orchestern, Theatern und Schlössern, nirgendwo hatte die Kunst der letzten Jahrhunderte ein solches Fanal der Machtrepräsentation abgegeben wie hier.

Das Theater in der Stadt am Harz kostete am Ende der DDR jährlich gut vier Millionen Mark, bald waren es dreimal soviel D-Mark. Die Eruption der neuen Wirklichkeit ließ die öffentlichen Kassen explodieren und die Barockfassaden schwanken. Würden die Kirchen und Burgen, Wasserschlösser und Patrizierhäuser von der heraufziehenden Steppe aufgesogen? Würden die Epitaphe auf den Monumenten der deutschen bürgerlichen Kultur ausbleichen? Die neuen Bundesländer hatten die Hoheit über leere Taschen. Sie zeigten sie mit großer, überzeugender Geste vor, und der Bund machte zunächst Millionen mobil.

So blieb sein Haus stehen, und seine Künstler blieben der Kunst erhalten. Sie gaben Mozart und Shakespeare, und wenige kamen. Kamen weiter meist aus dem Westen. Draußen gingen die Stürme der sozialen Marktwirtschaft um, im Theater war es noch warm. Bei der IFA, wo einst Motoren gebaut wurden, die den Ostblock mobilisierten, neue Entlassungen, an den Bühnen der Stadt die »Zauberflöte«. Das doppelte Antlitz der neuen Wirklichkeit.

Die Zeit der Entzauberungen verlangte nach neuem Amüsement. Nicht heilige Hallen, sondern »Manche mögen's heiß«, und die letzten Russen, die auf der Bühne akzeptiert wurden, waren der »Zarewitsch« und Prinz Orlowski. Und – seltsam – »Onkel Wanja«. Der Mann, der in der Mitte des Lebens die unwiderrufliche Feststellung über dieses Leben trifft, es sei verwirkt, er selbst sei betrogen und aller Hoffnungen auf irgendeine Zukunft beraubt. Den falschen Idealen habe er angehangen, habe geglaubt und geschuftet und geduldet, und dann reiße der Vorhang auf, und alles Schimäre. Da saß er, der ehemalige DDR-Bürger des Jahres einundneunzig, siebenundvierzig Jahre alt, wie Wanja, saß in seiner engen Stuhlreihe, ein bißchen bleich, ein bißchen wohlstandsfett, mit glasigen Augen und zusammengekniffenen Lippen. Am Ende stand er auf und kam nie wieder zurück. Für ihn, den siebenundvierzigjährigen Ostdeutschen von einundneunzig, war die Zeit abgelaufen. Die meisten sind nicht angekommen in der neuen Wirklichkeit.

Ihr Programm kam auch nicht an. Immer noch zu wenig Unterhaltung und zuviel Nachdenklichkeit. Zuviel Kopf. Zuwenig Sentiment. Derweil wurde unermüdlich modernisiert. Kein Bohrer stand still, ehe nicht alles neu verkabelt und verbohrt war. Das Sanitär- und Heizungswunder.

Wie sollte er, der Direktor, dem Mann, der seit zwölf Jahren den Kessel im Keller mit Braunkohlehochtemperaturkoks gefüttert hatte, dieses Wunder erklären? Der Mann war Anfang Fünfzig, hatte einen struppigen Bart, schweren Trinkerblick und schwere Trinkerzunge, dabei zierliche, aber rissige Hände, deren Haut an den Fingerkuppen aufsprang und darunter dunkelbraun war. Diese Hände lagen auf zusammengedrückten Knien, gruben sich wie Wurzelknollen unter den Manschetten des Hemds hervor, das er ausnahmsweise und nur für sein vorgesetztes Gegenüber angezogen hatte, und der Direktor konnte den Blick nicht von ihm wenden, solange er mit ihm sprach. Ihm auseinandersetzte, daß der letzte Koks verheizt sei und das neue Heizsystem installiert. Das System regle sich automatisch, nur einmal am Tag müsse jemand nachschauen, ob der Druck in Ordnung sei. Er hörte sich zu und konnte selbst nicht glauben, wo er am Ende herauskommen würde mit seinem Personalmonolog.

An einer ungeeigneten Stelle hörte er auf zu sprechen und sah den Mann wieder viel zu lange an. Sein Blick hatte sich in dessen struppigem Bart verheddert. An einigen Stellen glänzte dieser Bart rötlich, an anderen weiß. Der Mann half ihm aus der Unterbrechung und fragte, ob er entlassen sei. Der Direktor schüttelte unbestimmt den Kopf und faselte etwas von Umschulung. Der Mann sah ihn mitleidig an, dann grinste er breit und sagte, er könne nichts anderes mehr lernen. Stand auf und ging hinaus. Auf der Bühne studierten sie Beethovens Neunte für das Silvesterkonzert ein.

Deutschland, Zauberland. Nicht mehr. In den Pausen, den Auszeiten, den Ferien von Deutschland, in denen die Dynamik der zerfallenden und sich neu organisierenden Verhältnisse augenblicksweise nachließ und der Blick nach Ablenkung und Entspannung ging, setzte er sich dem goldenen Herbstregen von Kentucky aus, dem Kreischen der Zikaden im toskanischen Zypressenhain, dem Schneesturm um eine Almhütte. Sehnsüchte wurden erfüllt, Versprechen gehalten. Obwohl er die Supermarktketten wiedererkannte, die Redensarten an der Hotelrezeption, die Restaurantmenüs und die Werbetafeln am Straßenrand, hielt sich sein Glauben daran, dies sei tatsächlich die Fremde, tatsächlich das Paradies. Aber schon erfaßte ihn die Welle wieder, warf ihn hin und her, und der Mund von Mick Jagger lachte und streckte die Zunge raus, während überall im Land die letzten Fassaden fielen und sich alles für die Zukunft rüstete. Ernüchterungen folgten auf Ernüchterungen, das war eben so.

Arme anwinkeln, Ellenbogen raus und los! Das wollte im Osten erst mal gelernt sein. Jeder war sich zwar schon früher selbst der Nächste gewesen, aber nun war er umgeben von Konkurrenten in der nächsten Runde der Stellenkürzungen. Die Angst kam und weckte die Leute aus ihren gut eingerichteten Ressentiments über ihren untergegangenen Staat. Das dürftige Glück der frühen Jahre war von kurzer Haltbarkeit. Endlich durften sie alles kaufen, aber wie lange reichte das Geld?

Der unfromme Staatsbürger der ehemaligen DDR begann, die Zähne zu zeigen. Seine Kinder bissen an den

Rändern der Gesellschaft auch schon mal zu. Hier ein zertrümmerter angolanischer Brustkorb, da der Einstich in einen vietnamesischen Bauch. Nahaufnahmen von gescheiterten Demokratieübungen in Ostdeutschland für die internationale Aufmerksamkeit. Die Aufnahmen von brennenden Wohnungen in Rostock-Lichtenhagen kündigten an, daß der Mob auf dem Vormarsch war. In der ersten Linie schwangen die Kinder Bierbüchsen und Steine, dahinter die halb erschreckten, halb ermunternden Eltern mit leeren Händen und Prinz-Heinrich-Mütze auf dem Kopf. Wohnblocks wie die von Lichtenhagen gab es überall in der Heimat. Er konnte sich vorstellen, wie die Sprelacart-Tür zum Korridor langsam von unten nach oben durchschwelte, hatte den Geruch von Holzimitaten und Plaste und Elaste aus Schkopau in der Nase und sah, wie sich die Rauhfasertapete von der Betonwand schälte.

Ein ausgebranntes Fachwerkhaus in Mölln streckte die verkohlten Dachsparren in den blauen Himmel, als stünden ihm die Haare zu Berge. Weder die routinierten Erschütterungen der Politik noch die verschärften Sicherheitsvorkehrungen der Polizei konnten darüber hinwegtäuschen, daß Entwicklungen im Gang waren, denen mit Erschütterung nicht beizukommen war. Die Asymmetrie dieser Ausfälle in Ost und West fiel auf. Die Täter von Mölln verrichteten ihr allerdings gründliches Werk in aller Stille, denen im Osten reichte das nicht aus. Anschläge auf Asylanten wurden als öffentliche Beweisführungen inszeniert, die Fortsetzung der Protestbewegung mit anderen Mitteln: Wir sind ein starkes Volk! Wir können uns wehren, die Zähne zeigen, wir haben es einmal getan, und wir werden es auch in Zukunft tun. Ausländer raus, der Kuchen ist sowieso zu klein, und schlecht kann es uns auch allein gehen. Wir sind das Volk der

Underdogs, okay, aber die Perspektiven, die wir nicht haben, wollen wir auch mit den Vietnamesen nicht teilen.

Das sollte alle Welt wissen. Also gingen die Täter vor TV-Kameras in Stellung, dazu die Chöre der Sympathisanten. Guckt mal, wie dreckig wir sind, riefen diese Bilder in den Äther, und die Welt verstand. Von der Apartheid zur militanten Fremdenfeindlichkeit. Die DDR hatte ihre hundertneunzigtausend Ausländer gut unter Verschluß gehalten, diesen Menschen aus Angola, Algerien, Kuba und Vietnam war er fast nie begegnet. Getrennt, in speziellen Wohnheimen versteckt, apart. Nun ließen sie sich nicht mehr verstecken, und die Hatz begann.

Wenige Tage vor Lichtenhagen hatte er einen afroamerikanischen Dirigenten für eine Produktion unter Vertrag genommen. Auch bei ihm ist die Ankündigung dann angekommen. Noch während die Bilder von Lichtenhagen liefen, meldete er sich und bat um Verständnis, daß er nicht kommen könne. Statt dessen überlege er, Deutschland ganz zu verlassen. Er versuchte gar nicht erst, ihn zu überreden, den »Don Quichotte« doch zu dirigieren.

Milliarden von Steuergeldern wurden ins Land gepumpt, und das Land litt unter Verdauungsstörungen. Eine gewaltige Mobilmachung, um die den Frieden im Paradies bedrohende Wirklichkeit an die Kette zu legen. Großer Abbau, kleiner Aufbau. Klein, aber fein. Zukunftswirtschaft, Innovation, neue Industrien, Landschaftsblüte. Auf dem Schutt und der Asche, dem Schnee von gestern. Die Verheißungen der frühen Jahre verloren ihre Magie. Auferstanden aus Ruinen, das klang ja ganz schön, aber um wohin zu gehen? Ins Theater vielleicht?

In Castrop-Rauxel dann die ersten Kollegen, denen es nicht um Arabesken ging, sondern die tatsächlich zusammenarbeiten wollten. Daraus ist zwar nichts geworden, aber die Geste erweckte Verbundenheit. Das Westfälische Landestheater erinnerte an eine Sprungschanze mit Parkhaus und war einem Urbanistentraum der siebziger Jahre entsprungen. Damals wuchsen die Städte an der Ruhr, man plante das Zusammenwachsen der Gemeinden Castrop und Rauxel, und vorauseilender Architektenstolz entwarf und baute das Theater an jene Stelle, wo die beiden auslaufenden Städte zusammentreffen sollten. Diese Stelle wurde »Europaplatz« getauft. Nach Fertigstellung der Bühne und des Parkhauses wartete man darauf, daß um das urbane Zentrum nun neue Wohnlandschaften aus dem Acker hervorbrechen würden.

Als sie mit seinem Wartburg auf dem Europaplatz zum Stehen kamen, war das Gelände von Wiesen umgeben, auf denen ein paar Kühe weideten. Hinter einem dürftigen Waldstück reckten sich Kühltürme über die Wipfel. Von Castrop und Rauxel war nicht viel zu sehen. Die Städte waren nicht zum Theater gekommen, also ging das Theater in die Städte und wurde ein Reisetheater. Auch zu ihnen in den Harz versprach es zu kommen. Sie versprachen, den Besuch zu erwidern. Schließlich war das hier richtig Westen, und da würden ihre Leute bestimmt gern gastieren.

Über einen einzigen Auftritt ist die Sache nicht hinausgekommen. Die Gastspiele kosteten mehr Geld, als sie brachten, auch das Publikum schien nicht sonderlich eingenommen von der Unternehmung. Aber wer erst mal eine Reise tut, hört so schnell nicht wieder damit auf. Durch ihre neuen Kollegen im Westfälischen hatten sie von einer Veranstalterorganisation gehört, die alle größeren Theaterveranstalter vereinigte, welche keine eigenen Ensembles unterhielten. Auf der nächsten Jahrestagung der Organisation verteilten sie eifrig ihre Programme für die nächste Saison. Bald erhielten sie erste Einladungen und zogen mit ebenjenen Produktionen durch den Norden und den Westen, die vor heimischem Publikum nicht besonders gut gingen. Wie ein Album aus der Provinz blätterte sich das andere Deutschland vor ihnen auf: Sie machten Station in Paderborn und Stade, Fürth und Eltville. Tag für Tag, Reise für Reise ging der Vorhang ein bißchen weiter auf, wurde das Bild des Landes, dessen virtueller Zauber einst so heftig gewirkt hatte, weiter und enger.

Die Himmel waren hoch und rosig, darunter duckte sich das Leben in die Furche. Die große Welt ging an den Orten, in denen sie spielten, ebenso vorbei wie an seiner Stadt am Harz. Gewiß, die Straßen waren gut saniert, man konnte hinfahren in diese Städte, aber wer tat das schon? Auch hier vielleicht die Nische, das Vergessensein und -werden, die rotweißkarierten Tischtücher, die umhäkelten Klopapierrollen auf der Hutablage der Autos, verlassene Kinderspielplätze und friedliche Plattenbausiedlungen.

So würden demnächst wohl auch die Stadtkerne am Harz aussehen. Hoch-Tief-gereinigt. Begleitete er seine Truppe auf Reisen, zog es ihn hinaus durch die Straßen und auch hinaus aus den Innenstädten, durch Viertel, in denen er abends niemandem mehr begegnete, hin und wieder passierte ein Golf die trotzdem gut beleuchtete Fahrbahn, in einer Eckkneipe hockten Leute am Tresen und hefteten ihre roten Blicke auf den Fußball-TV-Schirm. Der Blick eines Familienvaters ließ unerwartet erkennen, daß es da drüben noch etwas anderes gab, etwas, das sich nicht einsammeln und in die Tasche stecken ließ, kein Luxusklischee, sondern eine kleine unterschwellige Tendenz, vielleicht sogar nur die Andeutung einer Tendenz, die ganze Überlegenheitsshow nicht mehr länger spielen zu wollen: Der Vater mit den beiden Knirpsen und dem Terrier unterwegs, die Knirpse im Sportanzug über die Blumenkübel gebeugt, sie suchten Steine, um sie durch die hellbraunen Pfützen zu schicken, und fanden keine. Der Vater hockte sich auf den Betonrand eines Papierkorbs und ließ die Knirpse und den Terrier streunen, zündete sich eine Zigarette an, dann ging sein zusammengekniffenes Gesicht in blauem Qualm auf.

So, wie dieser struppige Mann dasaß, den leeren Blick mühsam an die Fersen seiner Jungs geheftet, hätte er ihm die Hand auf die Schulter legen wollen. So weich kochte ihn dieser Blick. Ein deutscher Familienpapa, dem es ganz offenbar nicht gut ging, wie er an seiner roten Nase und dem ungebügelten Hemdkragen sah, ein Mann, der sich schon mal auf die Kante eines Papierkorbs niederließ. Er drehte sich um, und plötzlich hockten überall auf den Papierkörben Gestalten, denn das Stadtzentrum, durch das er unabsichtlich und ziellos an diesem Sonntagmorgen seinen Schritt lenkte, hielt keine einladenden Sitzmöbel bereit, um entspannt und zurückgelehnt seine blassen Fassaden zu betrachten, es zwang den dennoch zum Betrachten Aufgelegten, sich auf die Kante von Betonsokkeln und Papierkörben oder Blumenkübeln zu hocken und aus dieser Perspektive den Blick über die Steinplatten gleiten zu lassen, konnte er es schon nicht unterlassen, ihm ins Sonntagmorgenantlitz schauen zu wollen. Hunde beknurrten sich und versuchten, mit der Schnauze zwischen die Beine des anderen zu kommen, Stiefmütterchen versanken in der aufgeweichten Erde der Blumenkübel, eine

Polizeistreife rollte vorüber, sein Blick kehrte zurück zu dem Mann auf dem Papierkorb.

Der sah in seine Richtung, und so traf sich des Vaters Blick mit dem des anderen, wollte ihm auch zwischen die Beine, wenn auch ohne jede Leidenschaft und Neugier. Dann nickte ihm der Mann kurz und überraschend kräftig zu, als sei alles gesagt, und verschwand wieder hinter einer blauen Wolke.

Von nun an ließ er sich nicht mehr von den verchromten, neonbeleuchteten Armaturen beirren, wenn er auf Reisen ging. Er suchte den Blick des deutschen Familienvaters zwischen den blitzenden Schaufenstern, den adretten, unberührbaren Passanten, die gerade aus dem Fitneßcenter kommen mußten oder einem Porsche entgegenstrebten, zwischen diesen Protagonisten und den Paravents des Wohlstands suchte er nach diesem Blick, der ihm als Okular, als Sonde diente, dem Westen ins Herz zu schauen. Dieser unbewegte, leere Blick, der nicht nach außen ging, sondern nach innen, ans Herzufer einer Gesellschaft, die nicht die seine war und vielleicht auch nie werden würde, aber die ihn empfing und umwarb und die sich für ihn unerklärlicherweise im Blick dieses deutschen Familienvaters offenbart hatte.

Er begegnete diesem Blick nicht bei Publikumsgesprächen und nicht auf Fachtagungen, nicht unter den gejäteten Reihen honetter Theaterabonnentinnen, die sein Haus beehrten, und nicht in der geröteten Iris seiner schwer kämpfenden Kollegen, in denen er immerhin lesen konnte, daß Theaternächte immer und überall tief sind und das Erwachen danach selten glücklich. Er begegnete diesem Blick in den Aus-Zeiten des Betriebes, an den Rändern in der U-Bahn, an der Supermarktkasse, in der Fußgängerzone vor einer Telefonzelle. Da traf er auf ihn, wie er gleichgültig aus einer Verkäuferin herausstarrte, einer jungen, spindeldürren Frau mit pergamentener Gesichtsfarbe und durchschimmernden Venen, einer deutschen Familienmutter, die dem Kleinsten im Wagen einen Schokoladenriegel auswickelte und den unruhigen Größeren neben dem Wagen vom Arm schüttelte. Und immer erzählte ihm dieser Blick etwas davon, was hinter ihm lag, hinter den Bildern. Etwas Ungesondertes, Dunkles, Fremdes, ein neuer Zauber. Er wußte, es war absurd, denn Deutschland war bunt und bilderreich, voller Gestaltungsvirtuosität, und doch ließ er sich nicht davon abbringen, dieser Blick führe ihn zum Kern, er zog ihn mehr an als die strömenden Wohlstandsstatisten und die flatternden Freiheitsparavents, erst dieser Blick spann die Erzählung von Deutschland weiter, hörte nicht auf zu erzählen, wo das reiche, bunte, virtuose Deutschland verstummte.

In der Nähe der Stadt am Harz, deren Theater ihn beschäftigte, war unter der Erde ein vielädriges Stollenwerk entstanden. Die Kaliindustrie beherrschte die Region, bis auch hier das Ende kam. Die große Wasch-, Schleuder- und Verkleinerungsmaschinerie der ostdeutschen Wirtschaft – die »Anstalt zur treuhänderischen Verwaltung des Volkseigentums« – verwaltete das Aus. In Bischofferode ein letztes Aufbäumen. An den Wellblechwänden der Brücke über dem Werkstor der Ausruf: »Um uns selber müssen wir uns selber kümmern!« Die Kumpel marschierten nach Berlin und besetzten das Werk, als der Marsch nichts brachte. Sie ließen sich das Salz der Erde nicht so schnell wegnehmen und sperrten sich in die Grube. Als auch das nichts änderte, ließen sie sich im Werk auf flachen Pritschen nieder und hungerten dafür, daß die Arbeit weiterging. Im aussichtslosen Vertrauen auf das Wort ihres Kanzlers. Bischofferode trug den Namen Thomas Müntzers. Den Namen des Ketzers, den diese Region nicht vergessen hatte, obwohl man ihn vor fünfhundert Jahren auf den Pfahl gesteckt und eilig in die salzige Erde gescharrt hatte. Thomas Müntzer, der Theologe der Revolution, der titanische Führer der Bergleute und Untergrundkämpfer, der Meister des »arm grob volck«, der »mit dem Hammer«, wie er sich selbst nannte. Seinen Brief an die Mansfelder Knappen vom April 1525 las Ernst Bloch als das »leidvollste, rauschendste Revolutionsmanifest aller Zeiten«. Nach ein paar Monaten war der Protest auch in Bischofferode stillgelegt.

Sie waren mittlerweile nur noch eine beizende Erinnerung, die überflüssig gewordenen Chemie- und Automobilwerker aus Ostthüringen und Mittelsachsen, die hungerstreikenden Untertagelöhner aus Bischofferode. Im Niedersächsischen besuchte er eine Stadt, die nicht größer und nicht wesentlich anziehender als die Stadt am Harz war und in der zwei signifikante Wörter seiner Sprache eine für den Ort und die Republik tragende Verbindung eingegangen waren: Volk und Wagen. Hier, auf dem freien, weiten Feld des Automobilbaus, begegneten ihm die mit den Mühen der Konjunkturebenen Beladenen. Es konnte kein Zufall sein, daß der Ort Wolfsburg hieß. In dieser Stadt schienen die Leute den Gipfel schon hinter sich zu haben, auf den man in Thüringen und Sachsen noch hoffte. Ahnungslos betrat er die Stadt, ein Biotop, in dem der Mensch mit seinem Mobil eine über Jahrzehnte erfolgreiche Symbiose eingegangen war, eine zunehmend sorgen- und bleifreie Lebensgemeinschaft in synchronisiertem Dreischichtbetrieb und Urlaub am Lido di Jesolo, ein Käferleben im tariflich geschützten Humus.

Als er seinen Fuß in die Stadt setzte, hatte man die Nachricht schon verdaut, fünfzehntausend Werker gebe es zuviel im Biotop, im Dreischichtsystem und am Lido di Jesolo. Hatte früh verrentet, teilzeitüberbrückt, flexibilisiert. Aus dem Dreischichtsystem wurde ein Multischichtsystem. Eine Flexibilitätskaskade ging über dem Biotop nieder. Man ging nicht mehr gemeinsam ans Laufband und kehrte auch nicht mehr gemeinsam zurück. Jedem ward sein eigener desynchronisierter Rhythmus gegeben. Solch ein Gewimmel, mochte man denken, dennoch lagen die Betriebs- und Fußgängerzonen friedlich schläfrig im Biotop.

Beschäftigungsnotstand: mit Anfang Fünfzig mitten in den Frühling des Ruhestands. Plötzlich war nicht mehr die Arbeit das Problem, sondern die Freizeit. Der Buchhändler, der ihn auf diesen Abweg ins Biotop geleitet hatte, verkaufte früher Fontane und Böll und jetzt Fachliteratur für Asthma und Teneriffa. Die beschäftigungslosen Freizeitler wollten beschäftigt sein mit Radpolo und Cheerleading und derlei provokanten Sachen, und wem das nicht reichte, der legte sich auf die Couch und ließ sich vom Arzt die alten Filme erklären, aus denen er jeden beschäftigungslosen Morgen erwachte. Hier, im Biotop, mußte er nicht mehr nach dem farblosen Blick suchen, der Blick suchte und bedrängte ihn, wo er ihn fand.

Die Jagd nach dem Glück geht weiter, murmelte der Buchhändler. Früher seien alle zusammen aufgebrochen, Treibjagden seien das gewesen, und das Wild hätten sie leicht und redlich nach Hause gebracht, nun zöge jeder für sich durchs Revier. Aber die Jagd, die höre nimmer auf, ein Käferleben sei kein Hundeleben.

Ein Parlamentarier aus der Stadt am Harz versicherte ihm, sie, die Damen und Herren Stadträte, hätten bereits dem Ende der Fachschule, des Heizwerks und allen möglichen anderen Schließungen zustimmen müssen, das Theater sei inzwischen im Grunde das Letzte, worüber sie noch verfügten. Und das ließen sie sich nicht nehmen.

Ausgerechnet die Kunst. Obwohl sie der Kunst gar nicht mehr bedürftig schienen. Aber darum ging es nicht. Sie wollten ihr Theater weniger für die Gegenwart erhalten als für die leuchtende Zukunft. Von deren Ankunft sie allerdings nicht besonders überzeugt waren, nicht einmal davon, ob sie sie überhaupt erkennen würden, käme sie tatsächlich. Also stimmten sie im Stadtrat für die Erhaltung des Theaters. Aus Trotz gegen die neue Wirklichkeit.

Die Parole von der identitätsstiftenden Kraft des Theaters machte die Runde. Irrtümlicherweise glaubte man in vielen Städten noch, eine eigene Identität zu benötigen. Daher der Protest gegen die Produktion von Schutt und Asche. Zwischen dem Schutt von gestern und der Pracht von morgen lugte immer noch die alte DDR ins Land. Die alte Welt. Aber sie wird untergehen, dachte er. Das hier ist nicht Pompeji, das durch einen Ausbruch der Natur unter sechs Metern Asche für die Nachwelt aufgehoben blieb.

Die Mobilmachung der West-Milliarden übertünchte die Ausbrüche der Wirklichkeit in den neuen Bezirken des Paradieses. Bequeme Autobahntrassen, geheilte Stadtkerne und zeitgenössische Kommunikationsmittel ließen glauben, die Wirklichkeit sei bald gezähmt und die Direktiven von Gleichheit, Freiheit, Brüderlichkeit und Wohlstand erfüllt. Aber schon ließ der Schwung der Mobilmachung nach, neue Ausbrüche galt es einzudämmen, ein graues Amalgam halbgebändigter Realität und unübersichtlich versprengter Milliarden zog sich über das Land. Der Westen kam zu Tal, und der Osten kam nicht hoch. Wieder schien der Westen schneller zu sein als der Osten, fiel schneller, als jener stieg. Das Wort von der Rezession hielt mancher inzwischen für zu bescheiden, die Erschütterungen ließen nicht nach, sie schoben sich übereinander und vervielfältigten sich.

Aber was war das schon gegen die Bilder, die es ebenfalls auf der Mattscheibe zu sehen gab: Die Augen weit aufgerissen, konnte er beobachten, wie der Raum um ihn herum immer weiter auseinandergeräumt wurde, ja, seine Begrenzungen verlor. Linien und Horizonte wichen immer tiefer in die Ferne, und aus der Nacht des sich auftuenden Raumes drangen Schreie von jenseits des Paradieses herein. Bewegte und unbewegte Bilder unheilbaren Elends klärten darüber auf, daß die eigene Lage immer noch bestens war. Sie waren Zeugen eines noch furioseren Enteignungsprozesses jenseits des Paradieses, mit dessen Ausmaß er meist aus sicherer Entfernung der blassen, aber dieses Elend nicht kennenden Heimat vertraut gemacht worden war, durch zweifelhafte Propaganda, die nun, angesichts dieser neuen Zeugen der Enteignung, von jedem Zweifel reingewaschen wurde. Jenseits des Paradieses loderten die Deponien. Brennende Wälder, Totenflüsse, bittere Himmel, *purple haze*. Dort draußen, weit weg, gewiß, wurde den Menschen fast alles genommen. Brot, Kleid, Luft, Würde. Und viele duldeten diese Enteignung mit unfaßbarem Gleichmut. Flüchtlingskinder wurden in Käfigen gehalten. Frauen, die den Leichnam ihres Säuglings von der faltigen Brust nahmen und in die Grube legten. Morgen würden sie im Taumel mit den anderen wieder singen.

Dort draußen wurden zahllose Menschen enteignet und überflüssig gemacht. Überflüssig und schwer zu berechnen. Und doch zog eine fröhliche Gelassenheit über die Felder der Gewalt. Die Enteigner schotteten sich ab, in den zu Wohnfestungen ausgebauten Residenzen der Reichen von Johannesburg oder Manila.

Draußen, vor den Marmorwällen, die durch elektronische Selbstschußanlagen und klassische Security Services bewacht wurden, in den Townships und Slums, tobte der Überlebenskampf. Homo homini lupus. Durch unverhoffte Spalte im Elend spähten Augen der Angst. In den Festungen, den Intramuros, wappnete man sich, getrieben von einer, angesichts der Umstände, virtuellen Angst vor dem Dienstmädchen, dem Chauffeur, dem Liftboy. Im Schatten einer jungen Linde auf dem Golfplatz.

In der Einsamkeit des Überflusses eskaliert die Panik vor dem schwarzen Mann hinter dem Spiegel. Die Angst vor dem sozialen Abgrund wächst bei denen, die oben stehen, ins Hypertrophe. Sie sperren sich freiwillig ein, umgeben sich mit unfehlbaren Sicherheitssystemen, und die Angst vor dem Fremden, das man sich hysterisch vom Leib zu halten versucht, steigt. Längst hat man sich und seine Schützlinge in die Hände von Privatpolizisten gegeben, jede Intimität Überwachungskameras ausgesetzt. Auf den Flüssen am Grundstück treiben Leichen vorüber. Ein Wächter stößt sie vom Ufer zurück in den Strom. An jenem Ufer ist das Grauen grenzenlos, an diesem wird es bewacht. Diese Festungen sind Archipele des Paradieses, das Paradies selbst ist eine Festung.

Van Goghs »Weizenfeld mit Raben«. Das gestaffelte Korn, der abblätternde Himmel, dazwischen flatternde schwarze Fetzen. Aus den breiten, gewinkelten Ölstrichen lockte der Wahnsinn der Idylle. Hundert Jahre waren seit diesem Landschaftsporträt vergangen. Die Ansichten aus der Welt jenseits des Paradieses gehorchten seinem Kompositionsmuster, als hätte van Gogh einen Archetypus für das Elend des nächsten Jahrhunderts entworfen. Aus den Raben waren Krähen, aus dem Weizenfeld Müllhalden geworden. Auf dem Feld wuchs nicht mehr das Brot, sondern der Abfall, die veredelte Natur. Solche Bilder kamen den Tatsachen näher als die Innenaufnahmen des Paradieses, doch es genügte eine Fernbedienung, sie zu vertreiben.

Aber auch vor der eigenen Tür ließen sich die Elenden bald schon nicht mehr übersehen, ließen sich nicht mehr mit Sozialhilfe und Dreischicht-Fernsehen zu Hause festhalten, immer öfter begegnete er nun auch in den Städten Thüringens Tippelbrüdern und Radikalaussteigern, Menschen, die von ihren Zeitgenossen anfangs mit ungekünstelter Überraschung beobachtet und mit Blicken abgetastet wurden, denn so, wie diese Elenden aussahen und sich gebärdeten, mußten sie unbedingt aus einer anderen Welt eingedrungen sein, in der grundlegend andere Regeln galten. Mit der Zeit jedoch legte sich die Überraschung, im gleichen Maße, wie die Auftritte der Elenden im ansonsten mehr und mehr geordneten, restaurierten öffentlichen Raum der Städte zunahmen. Sie waren immer schwerer auszumachen im buntgrauen Getriebe der Fußgängerzonen und Bahnhofshallen. Sie verschwanden in den Abfällen ihrer glücklichen Zeitgenossen und kleideten sich in die ausrangierten Fetzen der sie umtreibenden Gesellschaft.

Alles im Zustand der Mobilisierung. Alles immer schneller. Und trotz aller Ausdehnung wurden die Wege immer kürzer, Aufschübe immer seltener und unliebsamer. Angesichts dessen verrichtete er seine unsicheren Werke in der Stadt am Harz, nährte bei sich und den Seinen das Vertrauen auf die feinfühlige Welt des Ausdrucks und der Vernunft und suchte den fliehenden Horizont nach ermutigenden Perspektiven ab. Er ließ singen von den heiligen Hallen, von den umschlungenen Millionen, ließ sagen vom freien Volk auf freiem Grund, während draußen die Krankenwagen die Schwerverletzten von der Autobahn in die Unfallklinik beförderten, die ersten Knaben auf ihre Lehrer und Mitschüler schossen und allein der Dow Jones noch schneller kletterte als die lokale Arbeitslosenrate.

Es gelang ihnen zuzulegen, und so brachten sie es auf fünf Prozent mehr Vorstellungen und drei Prozent mehr Zuschauer und machten sich hinter dem sinkenden Vorhang weiter glauben, die Kunst, die höre nimmer auf und habe ewigen Segen und keiner werde Hand an den größten Arbeitgeber der Region legen.

Deutschland verfügte über zweihundert Theater und Tausende von Interpretationskünstlern. Eine Hamlet-Lohengrin-Evita-Darstellungsindustrie. Mit zweihundert Direktoren und Generaldirektoren. Er war einer von ihnen, unbedeutend in der Hierarchie, schwach in der Stimme, in der nur in kollegialen Zitaten über widrige Arbeitsverhältnisse und mutiges Entgegenstemmen aufblitzenden Provinz zu Hause. Versammelte der Minister oder sogar der Bundespräsident zu einem mehr oder minder einleuchtenden Anlaß regionale Würdenträger auf einem nahe gelegenen Schloß oder in einem Rathausfoyer, traf er auf knicksende und männchenmachende Politikskulpturen, auf ehemalige Kindergärtnerinnen, die zu Ministerinnen für Europa- und Bundesangelegenheiten avanciert waren, auf frühere Vorsitzende von Landwirtschaftlichen Pro-

duktionsgenossenschaften mit Cocktailkirsche im Knopf-
loch, die der in die Geschichte eingegangenen Planwirt-
schaft gedachten, auf Schutzpatrone der westdeutschen
Beamtenaristokratie, die sich um die Etablierung ihrer
Staatsmaschinerie im Osten sorgten, auf kirchliche Gra-
vitäten, deren Würde noch schwerer und deren Stirnrun-
zeln noch tiefer geworden war seit der friedlichen Revolution im Lande.

Er spürte den Magnetismus der Parteiendemokratie
seine unsichtbaren Felder über das neue, glänzende Parkett des Ostens ziehen: Man übte sich je nach Konfession
im Jargon der Verantwortung für die Zukunft oder trok-
kenlippiger Medienkritik; in der Ecke zornige Frauen
und Männer in Jeans, Orangensaftgläser vor dem Bauch
drehend, die verbittert dem Ausgang ihrer Bürgerbewe-
gung zuschauten.

Das Theater am Harz war ihm zu Anfang tatsächlich wie
vor den Ausbrüchen der neuen Wirklichkeit geschützt er-
schienen, und er hatte kaum einen Blick dafür gehabt,
wie dieses Land unter seinen Füßen, das Land seiner Kindheit, überflutet und ausgetrocknet, abgeholzt und aufge-
forstet wurde, wie sich dieses Land verfärbte, straffte,
glättete, aufputzte und für neue Ansprüche bereit machte, wie es seine Bescheidenheit verlor. Das Dach des Theaters war mit ersten Westgeldeinnahmen repariert, das
Lohnsystem angepaßt, eine neue Theaterzeitung gegründet, eine Spielstätte umgebaut. Alles schritt fort, und sie
waren niemandem untertan. Es war die Zeit eines produktiven, wenig reglementierten Aufbruchs. Dann kam
die neue Administration, und auch sie tauchten ein in das
Gestrüpp von Vorschriften und Anträgen. Plötzlich schal-
teten sich Beamte der städtischen Verwaltung ein, wenn

das Theater beabsichtigte, ein Computerprogramm für den Billettverkauf einzuführen. Ämter etablierten sich und ihre Paragraphen, der Aufbruch nahm ein Ende. Immer deutlicher kündigte sich an, daß die Wirklichkeit nicht länger vor unserem Theater haltmachen würde. Das Ministerium für Wissenschaft und Kunst in der Landeshauptstadt begann, Tabellen über die Bühnen im Lande anzulegen.

Anhand der Beschäftigtenzahlen ließen sich schnell Berechnungen darüber anstellen, wann die Etats zehn oder zwanzig Millionen D-Mark überschreiten würden. Wie viele Theater würde das Land tragen können? Weniger jedenfalls, als es gab. Doch es stellte sich heraus, daß Theater viel schwerer totzukriegen waren als Kali- und Motorenwerke. Da man sie dem Öffentlichen Dienst zugeschlagen hatte, umfriedete sie der Schutz seiner Arbeitsgesetze. Auch im Theater würde weniges so bleiben, wie es war, aber das Tempo ließ sich mit dem Hinweis auf Vorschriften und Kündigungsschutz drosseln. Sachte, sachte kamen die Strukturverwandlungen, die kommen mußten.

Schließlich arbeiteten sich die ersten Journalisten zu ihnen durch. Die verwunschene Theaterlandschaft des Ostens tauchte aus der glatten Oberfläche der versiegelten Kunst- und Karpfenteiche des Westens auf: bizarr, von Entengrütze überzogen, mit fossiler Aura. Die westdeutschen Medien schickten ihr Meinungsfußvolk in immer größeren Scharen in den Busch jenseits der alten Zonengrenze. Für ein paar Monate wurde der Osten Deutschlands groß ins Bild gerückt und zum Tagesthema erhoben. Es mußte ja nicht immer Nicaragua oder Eritrea sein. So nah konnte das Abenteuer heranrücken, nichts wie hin!

Ein Fernsehteam baute seine Kamera vor dem Portal des Theaters auf. Das Portal unterschied sich nicht sonderlich von anderen Theaterportalen. Man bat seinen Kompagnon und ihn, an einem Fenster rechts neben dem Portikus in Stellung zu gehen. Es handelte sich dabei um das Fenster zur Damentoilette für das Publikum. Sie hatten sich längst daran gewöhnt, derlei Dingen nicht zuviel Bedeutung beizumessen, und so steckten sie ihre Köpfe durch die Milchglasfensterflügel der Toilette ins Freie. Zum ersten Mal blickten sie durch einen westdeutschen Fernsehkanal in die weite Welt, so gut sie konnten, formten Sätze über ihr neues Leben in diesem Bezirk des Paradieses, Nachrichten aus ihrer ungezähmten Buschwirklichkeit in die abendmüden Wohnzimmer der gelungeneren Deutschen. Warfen Blicke aus dem Klo einer öffentlichen Bedürfnisanstalt in jene Richtung, in der die Sonne zwar unterging, aus der aber trotzdem alles Licht kommen mußte.

IV.
Generalüberholung

In Gera, einer Stadt, für die der einstige Begriff »Industriestandort« ungebräuchlich geworden war, wählte man ihn zum Intendanten der städtischen Bühnen. Er war gerade aus Kentucky zurückgekehrt, wo er eine wohlhabende Deutsche besucht hatte, die nach dem Krieg mit einem amerikanischen Offizier in die Staaten ausgewandert war. Ihr Mann, George, litt an Alzheimer im fortgeschrittenen Stadium, saß meist in ihrer Villa auf der Couch im Salon, eine Baseballkappe auf dem Kopf, und starrte auf einen riesigen Fernsehschirm. Zur Begrüßung winkte er heftig von der Couch und tätschelte einem die Hand. Manchmal weinte er leise vor sich hin. Dann beschlugen seine Brillengläser, was für George gefährlich werden konnte, wenn er sich gerade zuvor entschlossen hatte, einen seiner abrupten Gänge durchs Haus zu machen.

Alzheimer mußte eine Krankheit sein, die die Seele wachsen ließ, während der Geist schrumpfte. Man vergaß und wurde ein herzensguter Mensch. Dieser unfreiwillige Entwurf, mit der Umgebung und den eigenen Verhältnissen umzugehen, machte ihn nachdenklich. Er konnte weder vergessen noch ein herzensguter Mensch werden. Freiwillig.

Nun stand er im Stadtrat des gewesenen Industriestandortes inmitten der Parlamentarier, die gerade die

Hand hoben zum Zeichen seiner Wahl. Danach händigte ihm der Kulturamtsleiter einen Sicherheitsschlüssel aus. Mit diesem Schlüssel konnte er das Theater durch den Haupt- und den Seiteneingang betreten.

Am nächsten Morgen kam er erstmals in sein neues Büro, die übliche Sprelacart-Landschaft. In der Schrankwand die gesammelten Werke der Klassiker, Marx, Engels, Lenin. In einer Schublade eine Büste von Wladimir Iljitsch, in den Regalen Pokale, Urkunden, Gastgeschenke, Wimpel – heraldische Zeugen der Vergangenheit. Darunter der Bildband einer französischen Stadt. Zwischen ihr und dem einstigen Industriestandort war in den alten Zeiten eine Städtepartnerschaft begründet worden. Natürlich hatten dabei Partei- und Staatsorgane ihre Hand im Spiel gehabt. Der Bürgermeister aus der DDR erfuhr von dem Freundschaftsvertrag erst, als die Franzosen bereits vor dem Rathaus standen. Die Bezirksparteileitung hatte zu spät informiert. Die Sache war in Frankreich von einem Komitee eingefädelt worden, das sich den Franzosen als Delegation aus der Stadt in der DDR vorgestellt hatte, ohne daß jemand von dort dabeigewesen wäre.

Mittlerweile schrieb man den November 1992, doch hier, in diesem Intendanzbüro, herrschte die alte Zeit. Die Gegenwart stand draußen vor der gepanzerten Tür. Er wollte keine Mißverständnisse aufkommen lassen und stellte kurzerhand die Leninbüste auf den Schreibtisch. Dann empfing er die ersten neuen Kollegen. Dramaturgen, Dirigenten, technische Vorgesetzte, Sänger und Choreographen. Viele von ihnen waren schon seit etlichen Jahren an diesem Theater engagiert, die meisten erheblich älter als er. Auf der anderen Seite des langgestreckten Konferenztisches, an dem er die Gespräche führte, verkrampften sich mitunter Hände zu ausgefallenen Figuren. Er sah die weißgepreßten Fingerknöchel, während ihm eine überlaute Stimme ankündigte, in den nächsten Monaten endlich einmal die politische Auseinandersetzung mit den neuen Verhältnissen auf der Bühne suchen zu müssen. 1990, das sei ein Jahr gewesen, eine Zeit des Glücks, der Aufbruchstimmung. Da sei man sich seiner selbst und der kollektiven Kraft der anderen bewußt geworden.

Hinter der Stimme kauerte scheues Mißtrauen. Die Zeit des Glücks ging zur Neige, die ein ungefährlich aussehendes Amalgam aus vergangenen Vertrautheiten und kommendem, erhofftem Komfort gebildet hatten.

Fotografen lichteten ihn mit und ohne Leninbüste ab, Journalisten starrten auf ihre Diktiergeräte und fragten nach seinen Plänen. Er war dem Technischen Direktor dafür dankbar, daß er in der zweiten Woche den Sprelacart-Krempel ausräumte. Auf die letzte Kiste legte er die Leninbüste. Die blonde Frau im Vorzimmer mühte sich gerade mit dem neu eingerichteten Computer ab. Sie schmunzelte ihm zu, sobald er das Zimmer betrat, nachdem er ihr am ersten Tag ausgeredet hatte, sie müsse hinter ihm die gepanzerte Tür schließen.

Ein Neubauviertel im Süden der Stadt bot ihm ein Wohnprovisorium für die ersten Monate. Für sechs bis acht Nachtstunden zog er sich dort in eine Einzimmer-Wohnung zurück. Die bewohnte sonst ein junger Kapellmeister, der im Moment in Hamburg »Cats« dirigierte. In diesen Stunden holte ihn der Schlaf rasch zu sich. Am frühen Morgen drangen Geräusche von den Verrichtungen der Nachbarn in die Wohnung. Er warf kurze, vorsichtige Blicke auf die dürftige Einrichtung, als fürchtete er, seine Blicke könnten die Regale und Schränke zum Einsturz bringen. Der fleckige Teppich und die abgeschabte Küchenzeile, vor dem Fenster die Fassadenfächer von gegenüber, Balkonnischen wie Autoaschenbecher. Das sah alles sehr erschöpft aus, aber dann erinnerte er sich, warum er hier war, und schon riß es ihn wieder ins Getriebe.

In den ersten Monaten hatte er zusätzlich noch seinen Dienst am Theater in der Stadt am Harz zu beenden. Zwei- bis dreimal die Woche pendelte er zwischen dem nordöstlichen und dem südwestlichen Rand des Bundeslandes hin und her. Über neue Asphaltpisten, durch Schotter und Schlamm, Autobahnbaustellen und vom Aufbruch übersehene Weiler. Zog mit übertriebenem Tempo an Pkw-Kolonnen vorbei, schleppte sich hinter den Rücklichtern von Schwertransportern her und kam bei einseitiger Verkehrsführung an Ampeln mit großzügiger Rotphase zur Ruhe.

Er lernte die Schwierigkeiten kennen, mit einem Bein hier und mit dem anderen dort zu stehen. Die Faszination, die die Portfolio-Situation bereithielt: doppelt denken, doppelt leben, zugleich an zwei Orten, in zwei Prozessen sein, Null und Eins, der Rausch der Digitalität, diese Faszination legte sich schnell. Er hatte sich im Laufrad einzurichten. Morgens aus dem Stand in Spielplangespräche, Vertragsverhandlungen, Parlamentsdebatten und Pressemitteilungen; die letzten Einspielergebnisse nahm er mit in den Schlaf. Dopte sich mit Telefonaten und Beratungen, Probenbesuchen und Dienstfahrten. Sein Körper verzichtete auf Nahrung, er verdaute Informationen und schied im Schlaf alles scheinbar Überflüssige wieder aus. Die Schmiede der neuen Wirklichkeit machte ihn härter, schneller, stromlinienförmiger. Er spürte, daß er einer kollektiven Umformung des Menschen beiwohnte und daran teilhatte: der Umformung des alten, sentimentalen, in Gemeinschaften groß gewordenen und klein gehaltenen Menschen.

Um ihn herum gewöhnte man sich an die Invasionen des Neuen, das Verschwinden des Alten. Nach den Entzauberungen schüttelte man sich den Staub der enttäuschten Erwartungen aus den Kleidern und wandte sich eifrig dem Geschäft der Anpassung zu. Für ihn war die Stunde der Aktion gekommen. Die Zeit des Hinnehmens, Überrumpeltwerdens und Überraschtseins war vorüber. Die Zeit der Evakuierung. Keine Entzauberungen mehr! versprach er sich. Die Lage war so eindeutig wie unübersichtlich. Sie lag in ihrem ganzen Chaos vor ihm ausgebreitet. Da mußte er jetzt rein. Abwehren hatte er bereits gelernt und einstecken, jetzt mußte er anstoßen.

Neun Monate, nachdem man ihn gewählt hatte, kam er endgültig an. Tausende von Menschen hatten nach 1989 die Stadt verlassen. Man stritt sich mit dem Land um den Standort einer Fachhochschule, zog aber den kürzeren und dämmerte weiter vor sich hin. Als in der Hauptstadt ein neuer Staatsvertrag abgeschlossen wurde, zog auch das landeseigene Fernsehen aus. Vor den Satellitenvierteln im Osten türmten sich die Abraumhalden des stillgelegten Uranbergbaus. Die Förderung hatten einst die Russen kontrolliert. »Wismut« hieß das strahlende Unternehmen. Inzwischen blieb das Kernmaterial in der Erde. Ein paar kleine Betriebe simulierten einen dürftigen Wirtschaftsstandort, die riesigen Gleisanlagen mitten in der Stadt versanken in Beifußsträuchern, als die Bahn beschloß, schnellere Züge an der Stadt vorbeizudirigieren. Mißmut. Immerhin verfügte die Innenstadt über zwei chinesische und zwei griechische Restaurants, es gab ein Ufa-Kino, und der Pförtner im Rathaus konnte vor dem Parkplatz per Knopfdruck Metallpfähle aus dem

Boden steigen lassen, um die Zufahrt zum Rathaus zu blockieren.

Das Amt für Staatssicherheit war den neuen Behörden gewichen. Auf dem kargen Platz vor den angewinkelten Plattenbauten parkten die Fahrzeuge von Mitarbeitern der Gauck-Behörde und, wie schon in der kleinen Stadt am Harz, des Arbeitsamtes. Unter Tage, in den Akten-verliesen der Stasi, recherchierten Archivare das Unrecht der untergegangenen Epoche. Das Gelände lag in der Nähe des Theaters. Im Herbst 1989 hatte die alte Macht hier noch ein Kulturhaus für betriebsinterne Zwecke bauen lassen, dessen Einweihung durch die Genossen der Sicherheit dann der unerwarteten Wendung wegen verei-telt wurde. In diesem sich flach in die Heide kauernden Tempel hatte der MDR ein Fernsehstudio einrichten las-sen. Der Beschluß für den Auszug war, noch bevor die letzten Steckdosen und Klimakanäle angeschlossen wur-den, ergangen. Kurz darauf zogen die Fernsehleute ab.

Angesichts dieser Situation kam ihm die Idee, seinen Theaterstandort auszubauen. Wenn die anderen gingen, blieb nur die Expansion. Obwohl das Theater – ein Ju-gendstilbau, der zu Ulbrichts Zeiten einige Vergewalti-gungen nur knapp überstanden hatte – nicht nur über eine Bühne, sondern auch über einen geräumigen Kon-zertsaal verfügte, überzeugte er die Verantwortlichen der Stadt, dem Sender die teuren Installationen im ehemali-gen Stasi-Kulturhaus für einen bescheidenen Preis abzu-kaufen und das Gebäude anzumieten. Gewiß, das war eine überraschende Vergrößerung, die ohne einen Handel nicht möglich war.

Zwischen dem Theater und dem einstigen Areal des Amtes für Staatssicherheit befand sich eine für die Ver-hältnisse der Stadt stattliche Villa in einem Park mit

Grotte und Kutscherhaus. Die Villa beherbergte längst nicht mehr die jüdische Fabrikantenfamilie von einst, sondern die Dramaturgie, Schneiderei und Dekorationsabteilung der Bühnen der Stadt. Seit dem Einzug des Theaters faulte die Villa vor sich hin. Vom Dach drohte der Turm abzustürzen, ein fünfzigjähriger Bombenschaden.

Wie ein auf den Meeresboden gesunkenes Schiff lag die Villa im Park. Im Eingangsfoyer türmten sich Spanplatten, Requisiten und Möbel, in den Einbauschränken aus Nußbaum staubten Bücher und Aktenordner, über das Parkett liefen die Spuren von Transportkisten und Handkarren, Nachweis sozialistischer Betriebsamkeit und Improvisation. Aus Nischen grüßten Fayence-Kamine, deren letzte Feuer vor Jahrzehnten ausgeglüht waren, über die Fenster des Wintergartens hatten Kolonien von Spinnen ihre Netze gespannt, durch die Kassettendecken drangen Heizungsrohre in die mit wackligen Schränken verräumten Zimmer. Vom Stillstand eingesponnene Kronleuchter. Der Milzbrand sozialistischer Improvisation. Alte Plakate, Plastiken aus Styropor, Gipsmasken, Landkarten. Strandgut verschwundener Theateraufführungen: In diesem verwunschenen Reich waren die Schneider des Theaters zu Hause und die Damen und Herren der Dramaturgie, deren Mission darin bestand, die kommende Saison zu entwerfen.

Die Villa gegen das Kulturhaus, und das Theater zog um. Der Plan kam auf, die Villa in eine Spielbank umzubauen. Das Land brauchte eine Spielbank, zur Abschweifung aus dem Alltag im Ostbusch, als kleines Großtouristen-Schreck-Vergnügen zwischen Goethe und Luther. Doch blieb es bei der Idee. Ein paar Jahre später traf er in der Schweiz eine Dame, deren Familie die Villa einst bewohnt hatte. Er riet ihr, nicht hinzufahren. Erinnerungen seien manchmal sicherer als die Realität.

Die Kunst besetzte Stasigelände. Das Kulturhaus erhielt einen neuen Namen: »Kammerspiele«. Die Expansion glückte. Zur Eröffnung gaben sich der Minister aus Erfurt und der Oberbürgermeister die Hand und sagten ihre Sentenzen über den Erhalt der kulturellen Substanz in Thüringen und speziell in Gera auf. Die Herren von der Treuhand und der Handelskammer nickten dazu sachte, die Lokalredakteurin brach auf ihrem Notizblock den Bleistift ab. Dann eröffneten sie das Haus, die fünfte Spielstätte. Und die Leute kamen und sahen zunächst auch. Das war nicht selbstverständlich. Sogar Opernpremieren waren sonst selten ausverkauft. Die Preise hielten sie niedrig, so daß meist die ersten Reihen besetzt waren, dahinter gähnte der leere Raum der billigeren Plätze in den goldgerahmten Wandspiegeln. Er traf immer dieselben Leute im Theater, vielleicht war es die Euphorie der Exklusivität, die diese paar Unermüdlichen anzog, »Tosca« oder »Wie es euch gefällt« nahezu allein genießen zu können, im Melos Abschied zu nehmen von der Wirklichkeit draußen, die manchmal mit Sirengengeheul hereindrang, wenn wieder einmal Rettungsfahrzeuge Richtung Autobahn am Theaterring vorbeischossen. Und die Karyatiden an den Wänden hielten segnend ihre Füllhörner über die Häupter des Publikums.

Die Abteilung des Puppentheaters, die in einem ehemaligen Kino in der Innenstadt untergebracht war, hatten sie in ein Jugendzentrum umgewandelt, das »Kleine Theater im Zentrum«. Das Haupthaus der städtischen Bühnen lag hinter dem Bahnhof in einer Parkanlage. Das Wort vom großen Theater am Rand machte die Runde.

Sie mochten am Rand stehen und wissen, daß sie am

Rand standen, aber der Tanz ging weiter. Wahrscheinlich machten das alle so. Der Abgrund rückte näher und näher, und die Vehemenz der Aktion nahm zu. Wo Verderben droht, wachsen die Kräfte. Dreißig Premieren im Jahr, Hunderte von Vorstellungen, meist mehrere an einem Tag. »Aida«, »Sacre du Printemps« und »Hänsel und Gretel«. Vierhundert Mitarbeiter, Techniker, Handwerker, Sopranistinnen, Schauspieler, Tänzer, Billettverkäufer, Garderobieren und Friseure für die Hochkultur in der Stadt an der Weißen Elster, die einmal Bezirksstadt gewesen war und nun vom Intercity und dem Rest der Welt geschnitten wurde. Arien und Pas de deux vor einschlafenden Neubauten. Belebte Straßen, Tag und Nacht, von jungen wie älteren Bürgern, die ihre neuen Opel-Modelle ausprobierten. Tote Fußgängerzonen, denn wer nicht Auto fuhr, guckte TV.

Die Maschine rotierte mit hohen Drehzahlen, Vorstellung für Vorstellung, Abend für Abend. Das war ihre Hybris: weitermachen, egal, ob die Stadt hingeht oder nicht. Sie gingen auf die Straße, drückten den Konsumenten ihre Programme in die Hand, spannten Transparente an Straßengeländer, hißten Flaggen vom Balkon des Haupthauses. Im Spätherbst kamen die Jüngsten. Im Schulklassenverband. Dann gab es die »Schneekönigin« oder »Ronja Räubertochter«. Fünfhundert Kinder in Plüschreihen. Schamlos nannte er so etwas Investition in die Zukunft. Kunst sei eine Investition in die Zukunft, Jugend auch. Jugend- und Kindertheater als potenzierte Investition in die Zukunft. In den Pausen fragten die Kinder nach dem Werbeblock. Den blieben sie schuldig. Dabei hätten sie die Minute billig verkaufen können.

Andere waren da schamloser. In der Nachbarstadt wurde mitten in der Vorstellung eines Musicals unterbrochen. Die Darsteller kamen in einem Sportwagen auf die Bühne und verrieten dem Publikum, welches Autohaus den Wagen zur Verfügung gestellt hatte. Dann zeigten sie sich ihre Brillen und Armbanduhren von den ortsansässigen Marktführern. Das amüsierte die Leute und brachte heftigen Szenenapplaus. Jeder hatte seine Methoden im Kampf mit der Wirklichkeit. Der Gegner in diesem Kampf war jedoch schwer auszumachen.

Und überall die eiserne Maske der Freiheit. Niemand, der Vorschriften machte, was man zu spielen hatte und was nicht. Keine ideologische Programmkontrolle, und die ganze Badewanne voll Hoch- und Flachliteratur, von »Othello« bis »Othello darf nicht platzen«. Sie mußten erfahren, daß alles dürfen nicht alles können hieß. Und noch weniger hieß alles dürfen, von allen gewollt zu sein.

Jetzt, als sich die noch vor wenigen Jahren undenkbare Chance bot, so richtig auf die Pauke zu hauen, all die ehemals verbotenen Sachen zu spielen, den Beckett und die einst unerlaubten Deutschen, die Brandliteratur, die damals, in der anderen Ordnung, Säle gefüllt und in konspiratives Schweigen gehüllt hätte, jetzt hatten sie die Chance, und niemand wollte sie mit ihnen teilen. Denn der Mensch der neuen Republik wollte ausatmen, ausspannen von der neuen Wirklichkeit. Gebt uns Unterhaltung, riefen sie, laßt uns weinen vor Glück mit dem Zarewitsch und dem Orlowski. Glücklich ist, wer vergißt, was nicht mehr zu retten ist.

Der Mensch im Paradies hatte, so dachte er, nichts zu verlieren als seine Supermarkt-Kette. Aus den Eroten der Elektronenstrahlröhre waren Sirenen der Konsumpropaganda geworden. Ein Autohaus wurde neu eröffnet: So viele Leute kamen ins Theater nicht in einem Monat. Kein Einkaufskorb stand still, kein Parkplatz vor den

Einkaufsparadiesen blieb leer. Die Hast, mit der der schmale Lohn umgesetzt wurde, ließ eine tiefsitzende Angst vermuten. Panischer Verbrauch, Anzeichen einer totalen Mobilmachung. Obwohl sich niemand fragte, was da auf alle zukam, gab es ein ungestörtes Einvernehmen darüber, daß eingepackt wurde, als gebe es schon morgen nichts mehr zu kaufen. Mit jedem Tag marschierten die Konsumsoldaten zahlreicher. Man hatte sich einzurichten zwischen Aldi, Aral und RTL2. Irgendwo zwischen den Zapfsäulen und Einkaufsregalen mußte der Weg verlaufen. Theater im Sonderangebot.

Wer verbraucht, wird noch gebraucht. Man klammerte sich an diese Hoffnung. Es ging mehr um die Erweckung von Wünschen als um deren Befriedigung. Das Sortiment bot an. Das, was man wollte, und vor allem das, was man nicht wollte. Die Wunschlosen wurden bekehrt. Kaum jemand hielt dem Sortiment stand. Viele Einkommen hielten auch nicht stand. Man konnte sich vielleicht nicht alles leisten, aber doch eine ganze Menge. Wild, wie man in der Menge herumgewirbelt wurde, sollte jeder nach seiner Fasson selig werden. Das totale Bungee-Jumping eines hemmungslosen Individualismus setzte ein, die Bande der freiheitlich-demokratischen Grundordnung lockerten sich wie überdehnte Gummiseile, alles schien möglich.

Die Parole vom *Anything goes* gellte ihm im Ohr. Überall drückte sich das Geheul durch die Wände, auf- und niederhüpfende Talkmaster und Börsenkurse waren vereint in der ultimativen Choreographie vom »Jetzt oder nie«. *Take what you can, the winner takes it all.* Schluß mit der Moral und ihren bleichen Zeigefingern, es gab keine Regeln mehr, die letzte Autorität, der er sich überlassen sollte, war er selbst, das war sein »Ich«. Dabei mochte das Ich nicht der beste Ratgeber sein. Doch die einstigen Hoheiten hatten sich selbst entwertet. Je weiter er eindrang ins entzauberte Paradies, um so offenkundiger wurde die Einsamkeit seiner Bewohner. Kein Erzieher, dem man sich schutzsuchend hätte anvertrauen können, keine formende, leitende Hand, keine normende Bewegung. Abweichung, Aussetzung, Absetzung war alles.

Seinen Weg durch das Land, von Rand zu Rand, unter den Füßen die verbrannte und fremde Erde, kreuzten die neuen Landsleute. Das Schmunzeln hörte auf unter ihnen, die Maske der Arroganz löste sich ab und ließ sie erkennbar werden, ansprechbar, anhörbar. Seine Gesprächspartner brauchten immer seltener laute Szenen, um zu sich zu kommen. Es konnte schon vorkommen, daß sie sich einfach gegenübersaßen, und dieses Gegenübersitzen löste dem anderen die Zunge, die Dinge zur Sprache zu bringen, wie sie in seinen Augen wirklich waren. Was sie trennte, verband sie, und darüber ließ sich plötzlich reden. Über Kindheiten im katholischen Internat im Münsterland, Pfadfinderlager, Scheidungsexzesse, Beziehungsverhütung und die Angst vor dem Personalchef.

Er lernte unterscheiden, zwischen den Gleichaltrigen, den Älteren und den Jüngeren. Die Älteren zeichneten sich durch einen unbekümmerten Optimismus aus und eine ziemlich instinktsichere Affinität zur Macht. Sie hielten das Steuer fest und doch mühelos in der Hand und machten nicht den Eindruck, es so bald loszulassen. Bevor der Osten dazugestoßen war, mußten sie eine heftige Erosion ausgelöst haben, zwanzig Jahre zuvor. Eine Erosion, auf die sie immer noch stolz waren und auf deren Moränen sie sich in Szene setzten. Sie beherrschten die

Redaktionen und Intendanzen, Aufsichtsräte und Kabinette, sie waren die strammen Selbstverwirklicher, ihr Furor war in Richtung Emanzipation und Fortschritt gegangen.

Die Jüngeren hatten das alles schon hinter sich, bevor noch irgendeine Zukunft begonnen hatte. Sie trugen die Konventionen wieder zurück in den Kreis, aus dem sie die Älteren vorher verbannt hatten. Sie genossen Distinktion in allen Debatten über Oberfläche und Verpackung, Stil und Form. Ihre gut sortierten Schallplattensammlungen verhalfen ihnen zum richtigen Diskussionssound, ihre Sympathie für VW-Auslaufmodelle und Lacoste-Trikotagen zu Souveränität in der Auswahl der brennendsten Gesellschaftsfragen. Zwischen den Älteren und den Jüngeren, den beiden forsch und mit erhobenem Haupt in absoluter Konzentration auf sich selbst aneinander vorbeimarschierenden Generationen, drückten sich – ein wenig mitgenommen und nicht sonderlich auffällig – die Gleichaltrigen vorbei.

Das wären also seine Schulfreunde und Kollegen geworden, hätte er auf der anderen Seite des Zauns das Licht der anderen Welt erblickt. Was für ein Mißverständnis! Zunächst mit Überraschung, dann mit Genugtuung machte er die Beobachtung, daß ihm diese Zeitgenossen aus dem Westen von allen am fernsten standen, und dort würden sie auch bleiben. Dieses Gehabe und Gerede, diese Kinderschokoladenverwöhntheit im offenen Cabriolet mit Happy End und deutschem Schäferhund in der Dreizimmer-Altbauwohnung, diese Systemzufriedenheit in der Systemneurose gingen ihm anfangs unfehlbar auf die Nerven. Und er, der verklemmte, schlecht angezogene, vollbärtige Zugang aus dem Osten konnte bei seinen Altersgenossen keine günstigere chemische Reaktion hervorrufen. Sie, die sie in der Nähe der historischen Demarkationslinie des Berliner Mauerbaus im Westen geboren worden waren, sie waren keine Generation, sondern ein identitätsloser Haufen Gleichaltriger. Ihre Eltern mochten in Kriegsruinen gemeinsam »Räuber und Gendarm« gespielt haben und ihre Kinder bald gemeinsam durchs Internet surfen, sie waren tatsächlich unter komplementären Verhältnissen aufgewachsen.

Während die Westgeborenen sich in ihrer Nische gründlich ausgetobt haben mußten, hatte man sich hinter dem Elektrozaun möglichst still zu verhalten gehabt. Im Westen bürgerte sich unter dem Zaubermantel der antiautoritären Erziehung ein, Kinderfreiheit ins nahezu Grenzenlose auszudehnen und die Pubertät als große Party zu feiern, auf der man immer schön Krach machen konnte. Im Osten gab es die Nische konspirativen Sippenschutzes vor den Nachstellungen von draußen. Dort Egotrip, hier Familie, dort Konsumdruck, hier Ideologiedruck. Hatte man sich jenseits des Zauns an die Parole gehalten, niemandem über Dreißig zu trauen, hatte man diesseits am besten überhaupt niemandem getraut, es sei denn, er gehörte zur Sippe oder zur Familie.

Vielleicht hatten sie sich sogar zwischendurch für ähnliche Dinge interessiert, für Bonanza und T. Rex zum Beispiel, aber was bei denen drüben Kult gewesen war, war hinter dem Zaun Subkult und verboten. Können die sich vorstellen, dachte er, daß Literatur Gefahr ist und böses Verlangen, sie, die sie sich ihren Benn und Jünger überall als Taschenbuchausgabe leisten konnten? Was hatte dieses böse Verlangen in ihm selbst angerichtet! Eine Reclam-Ausgabe des »Zarathustra« aus den zwanziger Jahren in den Händen zu halten, hatte bereits Levitationen ausgelöst; das Buch hatte er seinem Professor gestohlen, ein Verbrechen begangen, und so wurde er von allen dazugehörigen Triumph- und Reuestürmen heimgesucht. Er verehrte das Reich unabhängigen, radikalen Denkens, seit er es betreten hatte.

Es mochte andere Reiche geben, andere Verführungen, als die Gefährdungen wegfielen und die ganze untersagte Literatur plötzlich an jedem Bücherkiosk zu haben war. Aber der Rausch des Risikos ließ nicht nach, denn die Gefahr, die ihn von Beginn an gelockt hatte, die Gefahr der Schrift, die Gefahr des Gedankens, sie hatte nichts zu tun mit staatlichen Einschränkungen und Bedrohungen, nichts mit den öffentlichen Tabuzonen, sondern ausschließlich mit den Abgründen, die sich in seinem Kopf auftaten. Die »Ecce-Schauer«, wie sie der Dichter genannt hatte, durchzuckten ihn, las er eine bestimmte Sentenz, hörte er einen vertrauten Akkord wieder. Er spürte den Abgrund wieder. So etwas trennt und geht nicht verloren. Ehrfurcht entsteht vor dem Bild, das der Gefahr abgerungen ist.

Und doch: All die Entsprechungen zwischen diesen Gleichaltrigen und ihm, derer er sich nie bewußt gewesen war. Einst hatten sie die nahezu identische Kunstfaser auf dem Körper getragen, aber einmal hieß sie Nylon und einmal Dederon. Die Räume seiner Kindheit waren mit Sprelacart ausgestattet gewesen, im Westen hatte man wieder einen anderen Namen dafür gehabt: Resopal.

Ein magischer Bann muß über diesen Räumen gelegen haben, denn wo immer die Resopal- und Sprelacartflächen wieder auftauchten, fühlte man sich plötzlich wieder mitten in der Kindheit. So boten die Räume Modelle für die Bühnenausstattungen vieler seiner Zeitgenossen, die unter die Theaterbildner gegangen waren. Der ästhetische Ausdruck wurde von der Bühnenszene schnell als

»Trash« mißverstanden, dabei ging es um eine Kindheits-Sehnsucht. Selbst in Leeds oder Zürich sah er plötzlich Theateraufführungen im Sprelacart-Dekor. Sie waren von britischen oder helvetischen Gleichaltrigen entworfen worden. Überall gab es diese Rückblicke und Einsichten in ihre Kinderstuben, inszenierte Blümchentapeten, schmiedeeiserne Wandlampen. Zeugen gleicher Kindheitserfahrungen.

Und doch waren die Unterschiede stärker. So mochten sie in Ost und West zum Beispiel einst eine Sehnsucht geteilt haben, die Sehnsucht nach Berlin, aber es war nicht dasselbe Berlin: Für die einen war es Ostberlin, für die anderen Westberlin. Verschiedene Lebensentwürfe: Im Westen blieb man vorsorglich Single, züchtete autoerotische Einsamkeitsräusche und suchte sich gelegentlich Lebensabschnittspartnerschaften mit kalkulierbarem Ausgang, im Osten verstrickte man sich heillos in unübersichtliche Beziehungen, mit verschiedenen Kindern, mit verschiedenen Frauen. Die älteren Kinder würden vielleicht selbst demnächst Kinder kriegen, während sich seine kinderlosen Altersgenossen aus dem anderen Deutschland gerade einen Labrador anschafften.

Er bestand, je häufiger er mit ihnen umging – und dazu ließ ihm schon sein Beruf keine Alternative –, auf den Unterschieden, wobei ihre besonderen Kennzeichen womöglich nichts waren als Ressentiments voreinander; Schutzschilde, die sie vor sich hielten. Sie pflegten den Graben, der sie dreißig Jahre lang getrennt und verbunden hatte, während des Kalten Krieges, der nicht der ihre gewesen war. Was nach 1989 kam, hatte Ältere und Jüngere zusammengeführt, ehe die meisten Leute seiner Generation überhaupt aufgewacht waren. Die Älteren spannten ihre Muskeln noch einmal an und ihre Hand erneut ums Steuer, die Jüngeren würden es übernehmen, sobald die Kräfte bei den Älteren wichen.

Seine Generation schien sich für die Macht nicht besonders zu interessieren. Wohin er schaute im Land, sie hatten sich mit Assistentenposten zufriedengegeben und nannten sich auch gern junge Wilde. Vielen seiner Altersgenossen schien überhaupt der Instinkt für Macht abzugehen, die anderen dienten als Adjutanten der Macht. Die gemeinsamen historischen Markierungen von 1961, 1968 und 1989 mußten in ihren Kreisen jenen Autonomieimpuls verhindert haben, der notwendig ist, um in einer Generation Identität und Selbstbewußtsein anderen Jahrgängen gegenüber zu stiften und sich von ihnen abzusetzen. Als es ihnen angestanden hätte, abzuspringen vom Ufer ihrer Kindheit, wurde Deutschland gemütlich, und sie richteten sich ein. Am Ufer ihrer Kindheit.

Mit seiner Generation, vermutete er, mußte der Infantilismus eingesetzt haben, der immer mehr die gesamte Gesellschaft durchsetzte. Irgendwie hörte die Pubertät nie ganz auf, man wechselte die Hemden und die Freundinnen und die Autos und die Jobs, tröstete sich über alles Stete und Unstete mit ein bißchen Gras, bis dieses Gras über einen selbst wuchs. Zugleich wurden sie ab- und aufgeklärt – auch über sich selbst –, und so wurden ihnen auch die letzten Reste des unbescheidenen Begehrens genommen: Eine ewige bescheidene Jugend schien ihr Los.

Jugend ist todestrunken und verzehrt sich nach dem Abgrund, ewig. Bescheidene Jugend umgibt der schwerelose Schleier der Melancholie. Irgend etwas fehlt. Verluste, die sich nicht bemerkbar gemacht haben, bedrücken. Eine leichte, leere Unsicherheit lag über seinen bescheidenen Altersgenossen, und wären sie nicht so bescheiden und aufgeklärt gewesen, sie hätten ihre Unsicherheit für einen Schmerz halten müssen. Aber zu leiden paßte nicht ins Konzept. Seine Altersgenossen hüllten sich in romantisches, erschöpftes Schwarz, sie bevorzugten die Nacht, das Alleinsein und die gedankenverlorenen lauen Stunden auf Partys und Autofahrten. Saßen sie sich gegenüber, legten sie gern die Arme über Kreuz, die Hände auf den Schultern, als fröstelten sie, und als Madonna, auch dieser Jahrgang, ein paar Jahre später wie durch eine verlassene U-Bahn-Röhre »Frozen« sang, sah er bei manchem von ihnen den Blick im Ungefähren stehenbleiben. Das war die Kälte, die aus ihnen kam. Eine sonderbare Kälte, die jegliche Form von Zusammenhalt verhinderte und den Raum um sie herum zerriß, Abstand schaffte, Dinge und Menschen entrückte, vereinzelte und nomadisierte, monadisierte, und so zogen seine Altersgenossen, jeder für sich, durch den sich ausdehnenden Äther.

Er bestaunte diese Kühle, diese Poker-Face-Gelassenheit, die Gefühlsausbrüche in ein Stück Zigarettenpapier wickelte. Der Abstand zu allem, was ihn umklammerte und malträtierte, in ihn eindrang und ihn toxizierte, diese souveräne Zurückgelehntheit vor den Appellen zur Leistungsbereitschaft. Er bestaunte das alles, bis er sah: Nein, da tat etwas weh, auch diese Zeitgenossen waren verwundbar, ihre Entspannung nur Ausdruck hochtrainierter Disziplin, ihre Gelassenheit Ratlosigkeit, gelernte Hilflosigkeit, Depression. Diese Entdeckung tröstete ihn über die eigenen Kämpfe hinweg, seine Ungeschicklichkeiten, seine mangelnde Distanz gegenüber den Invasionen des Neuen.

Er begriff, daß auch sie eingesteckt hatten, und plötzlich flößte ihre Einsamkeit und Zusammenhanglosigkeit Vertrauen ein, ihre ins Endlose verlängerte, abgekühlte

Pubertät machte neugierig. Sie war die taube Frucht einer großen Lieblosigkeit.

Bilder reihten sich an Bilder, daran hingen Wörter und Zeichen, die neuen und die alten Landsleute, er selbst. Er trat ein in ein Labyrinth von Röhren, aus deren Innerem ein helles Glucksen immer neuer Strudel und Wellen zu ihm drang. Überall rauschte und zischte es leise. Jeder war mit jedem über unbedeutend aussehende Schläuche und Kanäle verbunden, es tropfte und rann, wisperte und girrte. Im Paradies der auf- und abschwellenden Wogen und der vagabundierenden Stimmen. Von allen Seiten schwappte es herüber.

Wenn er wollte, dachte er, konnte er alles erfahren. In der Röhrenwelt glaubte er den totalen Überblick zu haben, nichts blieb seinen neugierigen Blicken verborgen, er sah alle Dinge dieser Erde, und indem er sie sah, nahm er Einfluß auf sie, verwandelte sie sich an, machte sie seinen Blicken erträglich, vertraut, löste die Grenzen zwischen ihnen und sich auf, verleibte sie sich ein.

Natürlich wurde auch er selbst gesehen, wie er durch das verästelte Okular auf die Welt schaute. Auch er wurde beobachtet, verähnlicht, angepaßt, einverleibt. Alles schien zusammengerückt im Paradies, alles einander ähnlich geworden.

Tatsächlich wird das Fremde aus dem Röhrensystem vertrieben. Es verliert seine Legitimität. Es weicht dem Affinitätsdruck der totalen Kommunikation, denn das Fremde bräuchte Raum und Abstand. In den virtuosen Spielen der sozialen Praxis wird aussortiert, was nicht paßt oder dazugehört. Es sind Eliminationsspiele. Wer sich nicht einfügt ins Repertoire, wird rausgedrängt. Wer nicht auf der Welle reitet, wird unter ihr begraben. Die

Prozesse im Röhrensystem gleichen der bewegten See. Unaufhörliches Kommen und Gehen, An- und Abschwellen, es hört nicht auf, und es hört nicht zu, es reißt jeden in seinen totalen Diskurs, reißt jeden Widerstand unter die Welle.

So taucht das Fremde auf den Meeresgrund oder landet an den Ufern außerhalb des Paradieses. Die Gestalt des Wellenreiters bevölkert das Röhrensystem. Im Handumdrehen affiziert er die Massen und wird zur Massengestalt. Ein genereller Prozeß des Abschottens und der Immanenz setzt ein. Unterschiede werden verfolgt und getilgt. Gleiche Chancen, gleiche Wege, gleiche Positionen, gleiches Recht, gleiche Verantwortung, gleiche Eigentumsparzelle, gleicher Informationszugang. Aus dem Bildschirm duzt dich der Animateur, vom Werbeprospekt, aus der Parteitagsrede: Ein »du« gibt das andere, mündet in den großen, anonymen Plural.

Den »einheitlichen« Menschen sieht er entstehen. Unter dem Druck der Enteignung, wenn das Individuum sein Selbst verliert, droht es, gleich-gültig zu werden. Das Selbst wird durch die Marke substituiert.

Um das Risiko auszuschließen, von der Welle fortgespült zu werden, tauscht man die eigene Veranlagung gegen das Label des Trends. Designerlogos werden zu heraldischen Zeichen, die davon künden, daß man dazugehört und das Fremde in sich überwunden hat. Das Fremde, das das Eigene ist, streckt die Waffen der Selbstbehauptung. Man strömt durch das Röhrensystem, reibt die Felle aneinander, paßt die Bildungsrepertoires an, tauscht die Sekrete aus. Schwimmt mit, wird flüssig, zerlassen, droht überflüssig zu werden. Unerbittlich sachte schreiten die Enteignungen im Paradies voran. Die Selbstüberwindung kleidet sich vorzugsweise in Konfektionen mit heroischer Symbolik. Sie wird als Triumph gefeiert.

Nike von Samothrake ist die Schutzgöttin. Ein Engel, die Schwingen angewinkelt, als hätte er vor, mit den Ellenbogen seine unsichtbaren Kontrahenten vom Sockel zu stoßen, den Kopf hat er im Sturm durch die Jahrhunderte verloren. Wer sich ihrer Konfession anschließt, wird mit einem Häkchen belohnt. In einem Fernsehspot zur Fußballeuropameisterschaft tauchte das Gesicht einer jungen Chinesin auf, Mai Lin, vierzehn Jahre alt. Die Kamera fährt an ihrem Körper entlang, bis sie den Fuß des Mädchens erreicht. Einstiche werden sichtbar, die Tätowierung eines Nike-Häkchens. Mai Lin hat ihr Brandzeichen erhalten, sie gehört dazu.

Doch die Enteignungen machen längst nicht am Äußeren halt, erschöpfen sich nicht an der Oberfläche. Das Individuum als solches hat das Eigentumsrecht auf sich selbst verwirkt. Ein Arzt erwirbt die Rechte auf die Zellkultur eines Patienten ohne dessen Wissen und verkauft das Erbgut für Millionen an einen Chemiekonzern. Der Oberste Gerichtshof bestätigt schließlich, daß nicht der Patient, sondern der Arzt Eigentümer der Zellen des Patienten ist.

Natürlich ist die völlige Offenheit des Systems nur Fiktion. Im unaufhörlichen Rauschen des totalen Diskurses sind alle wesentlichen Informationen versteckt. Die Zugänge zu den Tresoren der Wahrheit sind perfekt getarnt. Man passiert sie, ohne zu ahnen, daß sich an dieser Stelle überhaupt ein Tresor befindet. Die Halter und Händler der Information wechseln stündlich die Codes, über allem lagert das Rauschen des Röhrensystems.

Dieses Rauschen entsteht aus einem konkurrierenden Menü von Ablenkungsprogrammen. Der enteignete

Mensch dient als offenes Gefäß der Animationsindustrie. Die ursprüngliche Veranlagung, sich prägen, bilden, erziehen, beeinflussen zu lassen, um ein erwachsener Mensch mit Prinzipien und Perspektiven zu werden, wird umgelenkt in die Rotationsschleifen der Unterhaltung. Wiederholung und Zerstreuung sind geboten.

Las man einst ein Buch, hörte man ein Musikstück, um seinen Horizont zu erweitern, in neue Regionen vorzustoßen, seine Position zu verändern, so liest man nun und hört man nun, damit alles so bleibt, wie es war. Um dem Ennui zu entgehen, um die Zeit zu vertreiben, um sich selbst zu vertreiben, das Bewußtsein der Leere und Horizontlosigkeit. Also liest man und hört man und inhaliert widerstandslos, über die ewige, bunte Drehscheibe gebeugt.

Die Repetition der Ablenkung fordert ihren Tribut. Wer sich zu vielen Ablenkungsprogrammen gleichzeitig hingibt, droht seine Markenindividualität zu verlieren. Also trägt man Sonnenbrillen, Knieschützer, Schildmützen und Handschuhe gegen die aggressiven Witterungen im Supermarkt der Animationen. Dazu kühlt man sich nach den Regeln der sozialen und physiologischen Anästhesie ab. Coolness ist das neue Siegfried-Programm, unverwundbar zu werden. Auf Inline-Skates und Trottinetts schießt man durch die Menge. Das angemietete Loft ist geschmackvoll eingerichtet und läßt doch das Provisorium erkennen. Man ist schließlich ständig in Bewegung, und wenn man es einmal doch nicht ist, kommt einem dieser Stillstand wie eine Flucht vor. Man ist auf der Flucht. Vor seiner Einsamkeit, in seine Einsamkeit. Von der Lust in die Lust.

Das größte Portal, durch das die Ablenkung hereintritt, ist der Bildschirm. Er erinnert sich an dessen magische Kraft, solange die Heimat noch außerhalb des Paradieses lag. Die Eroten der Elektronenstrahlröhre scheinen sich nun in Boten aus dem Totenreich verwandelt zu haben. Der Zauber des Monitors ist kein erotischer Zauber mehr, sondern er gehört zu den Künsten des Thanatos. Er fesselt seine Opfer an seine Konfession. Und diese Konfession lautet: Genieße mich, wende dich ab von allen anderen Genüssen, ich schaffe dir Ruhe vor den Aggressionen und Sensationen der unbequemen Wirklichkeit!

Welche Verführung! Wie ersehnt der Mensch im Röhrensystem ein Stück Unabhängigkeit von der Außenwelt und der Innenwelt. Es ist so viel einfacher und genußvoller, sich dem Zauber der Anästhesie zu ergeben, als sich gegen die Leere und die Enteignungen zu empören. Grand Prix d'Eurovision de la Chanson, Big Brother oder Ferienanimationen an Mittelmeerstränden feierten Triumphe über den Alarm der Wirklichkeit.

Er feierte nicht mit. Diese Art von Triumph war ihm unbehaglich. Im Bewußtsein weniger Freunde und Feinde widmete er sich seinen Geschäften.

Die hilflosen Parlamentarier, an deren glänzenden Tränensäcken er erkennen konnte, wie ernst es ihnen mit der Demokratie war, erheischten sein Mitleid, wenn sie im Finanzausschuß entschieden, ihnen wieder eine Million zu streichen. Auch Sie sollten endlich das Sparen lernen, sagten sie ihm traurig, und gaben großzügig das Geld anderer aus, denn die Maschine mußte weiter, kein Zweifel, neue Straßen und Telefonkabel brauchte das Land, neue Amtsstuben, computerausgestattet, digitale Totalvernetzung.

Er suchte die parlamentarischen Techniker des Sparens zu trösten und bezeugte Mitleid. Ehe er ihnen gestand, daß er die Million dennoch brauchte, denn da gebe es Arbeitsverträge und Verpflichtungen, die er als Intendant mit den Künstlern und Technikern und Verwaltungsleuten eingegangen sei, und die könne er nicht einfach ignorieren oder von heute auf morgen lösen. Vielmehr sähen diese Arbeitsverträge und Verpflichtungen neue und nicht verzichtbare Millionen vor, Steigerungsraten, Anpassungsprozente, sechzig, achtzig, sechsundachtzig Komma fünf Prozent Westniveau, wo sie doch sowieso schon Westniveau hätten, die künstlerische Qualität und den professionellen Enthusiasmus betreffend.

Das mochten die Parlamentarier zwar nicht glauben, mußten es aber akzeptieren. Weil sie immer noch traurig waren, gaben sie ihm nicht die ganze Million, aber neunhunderttausend. Und dazu die anderen vierundzwanzig Millionen, die er brauchte, um die Maschine mit den vierhundert Theaterarbeitern weiter rotieren zu lassen.

Kein Geld da, und doch floß es immer noch reichlich. Die Stadträte hoben weiter die Hand, damit die Kunst ihr Brot in den Mund bekam. Theater, das war der Luxus der Habenichtse. Längst hatte die Stadtverwaltung die Energieversorgung und den öffentlichen Verkehr privatisiert, überall schmolzen die Apparate. Auch das Theater ging hin, aber langsamer. Für viele zu langsam. Niemand hatte sich das Theater ausgesucht. Es war einfach da, war schon da gewesen, bevor die Leute, die über seine Zukunft zu entscheiden hatten, überhaupt entscheidungsfähig gewesen waren. Das Theater war ein schweres Erbe, das so leicht nicht zusammenzustreichen war. Denn es wurde nicht mit eigenem Geld bezahlt, sondern mit dem Geld von Bund und Land.

Die Not wuchs, denn jeder konnte sich ausrechnen, daß in ein paar Jahren aus dieser Richtung kein Geld mehr kommen würde. Auf der Seite lag auch keins. Und jedes Jahr würde das Theater mehr kosten, denn Geld kostet im Theater der Mensch, der dort anachronistischerweise immer noch im Mittelpunkt steht. Und der Mensch ist teuer – wenn er etwas wert ist, und im Theater ist das anachronistischerweise so. In den sonderbaren Jahren, da die neue Wirklichkeit gerade ausgebrochen war, teilten sich die Zugänge im Paradies spontan in wertlos und wertvoll. Die einen kamen unter die Räder, die anderen gelangten ans Steuer. So auch im Theater.

Die Not wuchs, denn alle wußten, was zu tun wäre und doch nicht zu tun war. Niemand wagte, den Schlüssel zu schmieden, um Theater zu schließen. Statt dessen wurde nur traurig und verschlüsselt drumherum geredet. Der Kulturdezernent freute sich über dieses Drumherum. Die Katastrophe näherte sich für alle sichtbar, langsam, aber beständig. In der Landeshauptstadt wurden die letzten Reservekonten entsichert. Beamte des zuständigen Ministeriums entwarfen Landkarten des Theatersterbens. Sie wußten, daß es genügen würde, den Subventionshahn für ein paar Monate zuzudrehen, und die Kunstherzen im Lande schlügen nicht länger. Auch das seines Theaters nicht. Aber die Beamten wußten auch, daß ihnen diese kühne Geste untersagt bleiben würde: vom Ministerpräsidenten, dem Kabinett, den Mitgliedern des Landtags. Denn alle erkannten sie zwar das Gebot des Sparens an, entdeckten ihre Opfer aber stets im fremden Revier, im anderen Wahlkreis.

Alles blieb, wie es verfiel. Die Beamten aber, deren Reflexionshorizont mit der aktuellen Wahlperiode zusammenfiel wie der ihrer politischen Herren, diese feingliedrigen Beamten mit dem unbewegten Blick auf ihren Pensionsanspruch ergriffen die Chance des bürokratischen Ungehorsams. Sie bestellten die Direktoren ihrer Theater ein und ließen keine Zahl ungeprüft an sich vorüberziehen, bevor sie in die Tabellen versenkt wurde. So entstand eine Topographie der Verschuldung. Die Ausgaben wuchsen rascher als die Einnahmen, die Kommunen, denen die Häuser gehörten, zahlten ein Drittel, der Rest blieb am Freistaat hängen.

Noch schlummerte sie in weltwirtschaftlichen Symposien, da geisterte sie plötzlich auch durch die mürben Kulturlandschaften: die Idee der Fusion. Je weiter die Drehzahlen stiegen, je knapper der Brennstoff wurde, um so größer wurde das Begehren nach Vereinigung. Natürlich nicht unter den Theatern, den Künstlern, sondern unter den feingliedrigen Beamten mit dem unbewegten Blick. Diese Leute entpuppten sich auch im Freistaat bald als spekulative Kuppler.

Die Landkarte als Kontakthof. Wer mit wem? Wo war der Magnetismus groß genug, um aus zwei Häusern eins zu machen, aus drei zwei oder auch wieder nur eins? Wo würde der Widerstand am schwächsten sein, wo der Leidensdruck am größten?

In den unteren Ebenen des Ministeriums saßen noch ein paar Haudegen sozialistischen Schlags. Sie, einstige Bezirksverwaltungsfunktionäre, hatten im Gegensatz zu ihren aus Hessen und Rheinland-Pfalz eingeführten Vorgesetzten den durchdringenden Blick auf die alten Verhältnisse und Gepflogenheiten. Sie wußten um die feinen Unterschiede, die die Behörden früher zwischen den Häusern gemacht hatten, kannten die alten Leiden und erkannten sie in den neuen wieder. Man müsse die Gießkanne wegstellen und endlich Prioritäten setzen, raunte es in den Beratungszimmern des Ministeriums, alle Häuser seien sowieso nicht durchzubringen, also müsse man sich auf die stärksten konzentrieren, und die stärksten, das waren nicht unbedingt die lebendigsten, künstlerisch profiliertesten Häuser, sondern die mit der besten Reputation im Landtag und im Finanzausschuß der Stadt. Rechtsträger hießen die Städte und Landkreise, denen die Ungnade der Theater- oder Orchestererbschaft zugefallen war, der Freistaat selbst hütete sich, Rechtsträger zu sein, er gab lieber noch für eine Weile Geld, um das »Recht« auf die Häuser nicht tragen zu müssen. Die Lage wurde kritischer, das Raunen über die fehlenden Gelder und Prioritäten und die perforierte Subventionsgießkanne drang aus den ministeriellen Kabinetten hinaus ins Land.

Jemand wollte sich erinnern, daß das eine oder andere Theater schon zu DDR-Zeiten in Frage gestanden habe, schon damals seien Zweifel aufgekommen, ob es so viele Theater und Orchester in den Bezirken geben müsse, aber dann habe man alles beim alten belassen, so war das eben damals, und nun hatte der Freistaat mit seinen nicht einmal zwei Komma fünf Millionen Einwohnern die höchste Theaterversorgung der Republik: acht Dreispartentheater und zehn Sinfonie- und Opernorchester. Man hätte lieber in anderen Branchen an der Spitze gestanden. Die Ratlosigkeit wuchs von Bilanzjahr zu Bilanzjahr, zweiundneunzig, dreiundneunzig, vierundneunzig; das Bedürfnis nach der Gemeinschaft in der Not auch.

Ein Landesverband der bedrohten Bühnen gründete sich. Gedanken an das alte Kombinatswesen kamen auf. Als einer den Vorschlag machte, Gutachter einzuladen, wurde ihm bedeutet, man regle die Sache wohl selber am besten.

Man traf sich in kleinen und großen Kreisen, die großen und die kleinen Verantwortlichen. Minister, Landräte, Abteilungsleiter, Intendanten, Dirigenten und Referenten. Dabeisein war alles, denn wer fehlte, mußte damit rechnen, spekulationshalber schon mal abgebaut oder einverleibt zu werden, natürlich nur spekulationshalber, denn vorerst blieb es beim großen und kleinen Kreisen um den heißen Brei; der Minister ermahnte die Rechtsträger, die Landräte, den Freistaat, und die Intendanten riefen zu mehr Verantwortung auf, wenn sie nicht gerade damit beschäftigt waren, die Ressentiments gegen ihre Kollegen zu pflegen.

Er ließ bald ab von der Frage, was das alles mit der Kunst und ihrer Konfession der Verwandlung zu tun habe, für die er sich vor drei oder vier Jahren entschieden hatte. Er erinnerte sich an die tiefen Einsichten des literarischen Weltreisenden V. S. Naipaul und dessen Beobachtungen zur neuen politischen Klasse der einstigen Kolonien. Kaum hatten die weißen Herren das Feld geräumt, besetzten es »postkoloniale Nachäffer«. Von solchen Leuten wimmelte es auch in seiner Umgebung. In den großen und kleinen Kreisen. Ehemalige LPG-Vorsitzende, Polytechnikerzieher, Kindergärtnerinnen bildeten die neue politische Elite. Mochte die Frisur auch nicht ganz zum Kostüm passen und das Jackett nicht richtig sitzen, selbst durch ihre ungeschickten Gebärden und die mangelnde Rhetorik hindurch waren die Vorbilder auszumachen. Jeder hatte seinen Sprengel und verbreitete seinen Stolz. Man wußte seinen Fahrer im A6 bei Wind und Wetter vor der Tür stehen und vertrat mit großer Geste seinen Theaterstandpunkt. Den hatte man und konnte nicht anders. Drohte der Minister mit Subventionskürzung, winkten die Provinzfürsten ab. So schnell würde der das im Kabinett schon nicht durchbekommen. Schließlich war er von der kleineren Partei, sie aber, sie kamen von der großen, der richtigen Partei, der auch der Ministerpräsident angehörte, der »MP«. Da wollten sie doch mal sehen, wer am längeren Hebel saß. Sie spielten ihr Strukturmikado, beschäftigten Adlaten, stellten Rechnungen für den großen und den kleinen Abbau auf, Kalkulationen des langsamen Sterbens und Verschwindens: noch zwei Jahre Tarifschutz, dann weiter abschmelzen, erst die Tanzsparte, das ging am leichtesten und war gut zu verschmerzen, schließlich Schauspiel und Oper, es geht auch mit weniger, Hauptsache, es geht. Vorbei.

Die ersten Direktoren, die man aus dem Westen zu Hilfe geholt hatte, wurden bei Kündigungsgesprächen von osteuropäischen Sängerinnen geohrfeigt und von Landräten öffentlich beschimpft und verließen die undankbaren Theater. Defizite beherrschten Finanzpläne und Bilanzen. Die kleinen Stadttheater wurden weiter verkleinert, das, was von ihnen übrig blieb, zappelte am Existenzminimum der Kunst. Man schickte die jungen Talente fort, denn von den alten konnte man sich nicht trennen. Opernchöre mit zwölf Sängerinnen und Sängern und Ballettensembles mit einer Handvoll Mitglieder entstanden.

Das Opernhaus der Hauptstadt hielt nur dank wiederholter Ausnahmegenehmigungen seine Flügeltüren geöffnet. Die Dichterstadt gebärdete sich so, als ob sie das Tauziehen um die Subventionen nichts anging. Man war schließlich wer und hatte vor einiger Zeit die Kunstheiligen als Schweizer Garde vor dem Nationaltheater positioniert.

Als auf die ersten Entlassungsrunden erste Spartenschließungen folgten, gab es nur mehr heisere Protestrufe der Betroffenen. Lange hatte sich die blinde Überzeugung gehalten, alle würden überstehen. Die verantwortlichen Politiker lehnten sich zurück und ließen sich bei der Gründung eines neuen Autohauses mit dem Geschäftsführer ablichten.

Anything goes schien der Leitspruch der postkommu-
nistischen Nachäffer im Osten. Es war eine Sache des
Standpunktes. Man konnte Lawinen auslösen, und man
konnte unter ihnen begraben werden. Und dann lag der
Vorschlag plötzlich auf dem Tisch: Warum nicht sein
Haus und die Bühne in Altenburg zusammenlegen? Zwei
Dreispartentheater mit Oper, Schauspiel und Ballett, Orchester, mehreren Spielstätten, aber sehr unterschiedli-
cher Größe, die nicht einmal vierzig Kilometer voneinander entfernt lagen? Seine durch den kurzen Umgang mit
dem Metier begründete Naivität half ihm dabei, an dieses
Unternehmen zu glauben. Sie waren die Größeren, hatten
mehr Geld und mehr Leute, die Stadt, in der sie zu Hause
waren, zählte weit mehr Einwohner als die Stadt in der
Nachbarschaft. Das alles stärkte seinen Glauben.

Die Geschichte hatte es einmal besser gemeint mit der
Nachbarstadt. Das war lange vorbei. Einst herzögliche
Residenz, wurde der Kern prächtiger Renaissancearchi-
tektur vom Sozialismus ausgehöhlt. Zwar mehrte immer
noch eine reiche Kunstsammlung das Ansehen und man
pochte auf die Ehre, die Skatkarte erfunden zu haben, die
großen Stunden des nach Entwürfen Sempers errichteten
Theaters lebten jedoch nur noch in wehmütigen Erinnerungen. Stolz, klein und im Sozialismus verwunschen
war die Stadt. Die angrenzenden Landschaften Richtung
Leipzig schwer von Chemie und Tagebau heimgesucht,
nicht weit von der Stadt laborierte der Umweltschutz an
einem Teersee, dem größten ökologischen Unglück weit
und breit. Man war ungern und nicht ganz freiwillig
Thüringer geworden, als 1990 die neue Länderaufteilung
kam. Einst hatte man zum Bezirk Leipzig gehört, und
viele Leute hätten es lieber gesehen, wären sie zu Sachsen
geschlagen worden.

Das waren keine der Fusion förderlichen Voraussetzungen. Sein Kollege in der Nachbarstadt wußte das auch und entschloß sich, gegen die Fusionspläne einzutreten. Der Mann war aus Wien gekommen und hatte sich den Altenburgern als Össi vorgestellt. Er bot ein Programm aus Entertainment im großen und Betroffenheitstheater im kleinen Haus, und dafür war man ihm dankbar. Es hätte alles so bleiben können, und der Kollege hob das Haupt wie ein Ureinwohner seiner Stadt. Und auch die lokalen Politiker, alle in der richtigen Partei, ließen zunächst den Patriotismus leuchten.

Auch sie wollten keine Fusion, ihr Theater, das sich Landestheater nannte, sollte selbständig bleiben. Keine Macht den Fremden aus dem einstigen Industriestandort. In Parlamentssitzungen des Landkreises wurde geschlossen Widerstand demonstriert. Man würde sich nicht beugen, weder den finanzpragmatischen Interessen der Ministerialen noch den Angriffsgelüsten der Nachbarn.

Die Nachbarn kesselten sich ein. Vier Jahre, nachdem sie der großen Einheit zugejubelt hatten, wollten sie jetzt allein bleiben. Kein Haar dürfe ihrem Landestheater gekrümmt werden, ihre Künstler seien die besseren Künstler, ihr Spielplan der bessere Spielplan, ihr Theater das bessere Theater. Die Nachbarn wollten sich nur ihr schönes Haus unter den Nagel reißen, das komme nicht in Frage. Die Theatervorstellungen wurden zu Manifestationen der Autonomie. Am Ende der Aufführungen jubelten sich Künstler und Publikum zu, der Kollege ermahnte die Leute schelmisch durchs Mikrofon, auf den Rängen nicht rhythmisch zu stampfen, da sonst Einsturzgefahr bestehe.

In der einstigen Industriestadt nahm man die Eskalation nicht weiter zur Kenntnis. Ihre Stammbesucher kamen auch weiter ins Theater, manchmal wurde er im Foyer angesprochen, ob sich die anderen wirklich so heftig gegen die Fusion wehrten, dann schüttelte man bedächtig den Kopf und ging zur Tagesordnung über. Er konnte sich seines Neides auf den Widerstand im Norden kaum erwehren. Die Fusion mußte sein, das war klar, aber warum schrie in seiner Stadt niemand auf? Hatte er die Sache zu gut erklärt, hatte er versucht, die Konsequenzen unter den Tisch zu kehren?

Der Oberbürgermeister und seine Leute, meldeten sie sich überhaupt zu Wort, gebrauchten genau seine Worte, um das Unvermeidliche in freundliches Licht zu setzen. Nur im Theater legten ein paar Mitarbeiter die Stirn in Falten, als die Sache konkret zu werden begann. Bilden wir dann *ein* Sängerensemble, *ein* Orchester, *einen* Chor, *eine* Ballettkompanie? Und vor allem, wer wird der Chef sein? Müssen wir etwa auch in das andere Theater fahren, um dort unsere »Cosi« zu zeigen? Kommen die dann mit ihrem »Zar Saltan« hierher?

Schließlich übernahm die Staatsregierung. Das Ultimatum war sehr einfach: Entweder ihr fusioniert bis zum nächsten Sommer, oder der Landeszuschuß wird gestrichen. Für beide Häuser mehr als zwei Dutzend Millionen.

Die nächsten Spiele fanden tatsächlich an einem Tisch statt. Ihm entging nicht das jeweilige Stühlerücken. Als sie sich zum dritten Mal trafen, die unfreiwilligen Partner und Nachbarn und die Beamten aus dem Ministerium, saßen sich nicht mehr die rivalisierenden Städte gegenüber, sondern die Politiker den Theaterleuten. Der Kollege aus dem anderen Theater hatte es besonders schwer. In der Heimatzeitung ließ er sich vernehmen, für ihn stehe eine Fusion nicht zur Debatte. Komme sie trotzdem, gehe er.

Man hatte entschieden, wer die Fusion durchführen sollte. Ihm, dem Direktor des größeren Theaters, traute man die Kaltblütigkeit zu, aus zwei Häusern mit mehr als sechshundert Mitarbeitern einen Großbetrieb zu machen, ihn hielt man für fähig zu vereinigen, wovon niemand wußte, ob es wirklich zusammenpaßte; sechshundert Künstler, Techniker und Administranten auf ein neues Ziel einzuschwören, das in Wirklichkeit das alte war: möglichst virtuos zu überleben. Er nährte die Hoffnung, daß die Zwangsheirat nicht im Inferno enden, sondern sich vielmehr die Nachricht im Lande verbreiten werde, es lohne sich, neue Wege zu gehen, Ziele zu entwickeln, nur Veränderung biete eine Chance für die Zukunft.

Zwar wußte er, es ging vor allem ums Sparen, aber selbst er klammerte sich an die Überzeugung, dahinter stehe immer noch das eigentliche Ziel: die Rettung der Kunst. Das Pathos, das in diesem Gedankenspiel ruhte, machte seine Zweifel erträglich.

Doch welche Kunst zu retten? Auf mancher Nachtfahrt, in der er menschenleere Dörfer und verlassene Weizenfelder zwischen den Nachbarstädten passierte, zogen die Szenen an ihm vorüber, die er soeben im anderen Theater gesehen hatte, Szenen gutgemeinter Kunstmühen, Beispiele bedauernswerter Überforderung und Überschätzung, Sopranistinnen in unzumutbaren Höhen, Bühnenbilder makelloser Antiquiertheit, heiles Operettenglück, Styropor-Blumen aus Hawaii – er kam sich vor, als reichten die dreißig Kilometer bis auf die andere Erdhalbkugel. Während er auf den randstreifenlosen Landstraßen nach den wenigen Straßenschildern Ausschau hielt, die seine Fahrtrichtung bestätigten, schlug ihm noch einmal der Begeisterungssturm des Publikums in den Nacken, der losgebrochen war, als der Vorhang sich senkte und ihn eine kleine Frau mit blütenweißen Haaren in die Seite stieß und ihm mit funkelnden Augen zuzischte, so etwas Schönes gebe es eben doch nicht bei denen drüben. Deswegen müßten sie wahrscheinlich fusionieren, fiel ihm darauf nur zu antworten ein.

Mit wem hatten sie da eigentlich vor zusammenzugehen? Wer waren diese wildfremden Menschen in den sonderbaren altmodischen Perücken und Kostümen? Nicht, daß sein Theater nun die Avantgarde gewesen wäre, der letzte ästhetische Schrei der Postmoderne, der Trash der Taburevolte, doch festigte sich in ihm die beunruhigende Erkenntnis, daß dreißig Kilometer ausreichten, um eine ästhetische Zeitreise zu machen.

Natürlich glänzten zwischen den unschuldigen Dekorationen auf der Szene auch Talente auf und Enthusiasmus. Würde er diese Talente für das neue Ziel gewinnen, ließ sich mit dem Enthusiasmus eine neue Theatergemeinschaft gründen?

Ein paar Tage später kündigte der Kollege aus dem anderen Haus der Öffentlichkeit an, seinen am Ende der gerade begonnenen Saison auslaufenden Vertrag nicht erneuern zu wollen. Seine Vertragspartner schienen das auch nicht zu beabsichtigen, sie versuchten nicht, ihn zu einem anderen Schritt zu bewegen. Statt dessen riefen sie in Stadt und Landkreis ihre Parlamente zusammen und ließen die Fusion beschließen. Die lokale Presse druckte Noten des Bedauerns und der Schickung ins Unvermeidliche. Aus der Landeshauptstadt wurde Erleichterung gemeldet.

In seiner Stadt nahm man die Nachricht größtenteils mit der gewohnten notorischen Selbstverständlichkeit hin, deren eigentlicher Gefühlshintergrund Gleichgültigkeit war. Ein paar Mitglieder der PDS riefen nach sozialer

Ausgewogenheit, aber dem Hinweis, daß es um die Arbeitsplätze gehe und die Region so auch in den nächsten Jahren über viele Subventionsmillionen aus dem Land verfüge, vermochte der Stadtrat nicht zu widerstehen.

Als er am Morgen nach dem endgültigen Beschluß seine Leute im Zuschauerraum des Theaters versammelte, um ihnen die Neuigkeit auseinanderzusetzen, hatten sich die sorgenvollen Gesichter vermehrt. Man wisse, daß das die einzige Lösung sei, sagte der Personalrat so, als lese er den Satz vom Blatt ab.

Er setzte sich in den Wagen und erklärte die Sache den neuen Kollegen. Der Landrat stellte ihn als designierten Intendanten beider Häuser vor. Er spürte keine Feindseligkeit im Raum. Es werde keinen Kahlschlag geben, und die Entscheidung, wer von den Solisten einen neuen Vertrag erhalte, werde nur unter künstlerischen Gesichtspunkten getroffen.

Was dann kam, nennen die Kenner Strukturwandel und findet seitdem fast überall an deutschen Theatern statt. Er konnte noch wirklich wandeln, hatte es vermutlich besser als viele seiner Nachfolger und Kollegen, denen das Geschäft aufgetragen ist, die Stümpfe der öffentlichen Kultur wieder und wieder zu beschneiden. Damals gehörte es noch zum guten Ton, im Feuilleton die Verfettung des Theaterbetriebes anzuklagen, inzwischen werden Knochen gesägt. Später beschlich ihn das Gefühl, »seine« Fusion sei ein Startschuß für den beschleunigten Abbau gewesen. Sie wurde ein beliebtes Beispiel unter Kulturpolitikern, um zu beweisen, daß es funktionieren könne, wenn man näher zusammenrückte. Ihn störte, sich auf ihrer Seite zu sehen. Mochte ihre Fusion auch den Anschein erwecken, geglückt zu sein, andere Fälle waren anders zu bewerten. Und wie lange sie funktionieren würde, das bestimmte die Konjunktur. Deren Verlauf für den Rest des Jahrzehnts war bald ausgemacht. In den nächsten Jahren würde nichts mehr stimmen. Die subventionierte Kultur, sie starb. Langsam, zuverlässig. Wie die Dinge im reichen Westen lagen, konnte er noch nicht ausmachen.

Vorerst wurde in seinem Haus der weitläufige Konzertsaal renoviert, neues Parkett, neue Stühle, Stuckarbeiten. Durch den Saal flatterten Blattgoldfusseln. Irgendwann fand er sie unter seinem Schreibtisch. Nahm er eine der Fusseln in die Hand, schien sie sich selbst bei leisester Berührung aufzulösen. So war das mit dem Gold.

Zum Jahreswechsel wurde der neue Saal vom Minister eingeweiht, dann gab es für die tausend Gäste Beethovens Neunte. Die Sanierung hatte ein paar Millionen gekostet. Das sei regionale Wirtschaftsförderung, freute sich der Oberbürgermeister.

Seine Visiten in der Nachbarstadt wurden häufiger. Mit ihm reisten seine wichtigsten Gefährten, der Schauspiel- und der Operndirektor. In den nächsten Monaten sollte so etwas wie ein neues Ensemble entstehen. Sie mußten entscheiden, wer aus welchem Haus dabeisein würde. Nicht alle, gewiß, aber die große Mehrheit.

Die Künstler des anderen Theaters empfing er in einem heruntergekommenen Nebengebäude. Dort hatte man ihm eine kleine Kammer zugewiesen, deren Mobiliar aus ein paar Stühlen und einem Tisch bestand. Einigen der Künstler bot er neue Verträge an, anderen nicht. So ist das in einem Theater, so ist das auch in zwei Theatern, die fusionieren. Im Osten war diese Erfahrung noch nicht weit verbreitet. Die untergegangene Heimat hatte eher für das unbewegte Theater gesorgt. Zwar kamen und gingen die Intendanten, die Ensembles aber blieben oft für Jahrzehnte zusammen. So entstanden Großfamilien mit Spielverpflichtung. Die Wanderer waren die Fremden, die Seßhaften die Heimischen.

Das sollte sich nun ändern. Neue Künstler kamen ins Land, aus der größeren Hälfte Deutschlands, aus Ost- und Westeuropa, aus allen Teilen der Welt. Manche waren bessere Künstler als die Seßhaften. Die Neuen waren das Wandern gewöhnt, das Abenteuer der offenen Zeit, der Fristverträge und Kurzengagements, der Selbstbehauptung im Strom der anderen Wanderer. »Morgen Augsburg!« Nichts ist für immer, schon gar nicht im Theater.

Es war nicht leicht zu entscheiden, ob die Seßhaften wirklich mehr Seele hatten, wie sie so oft behaupteten, bestimmt aber wußten sie ihre Ellenbogen weniger gut zu gebrauchen. Und litten unter einer wachsenden, hochschnellenden Sozialangst. Selbst unter Schauspielern seines Alters die Schweißausbrüche, wenn er ihnen riet, sich ein besseres Engagement an einem anderen Haus zu suchen, denn sie hätten bisher nichts als dieses eine Theater gesehen, und jetzt, mit fünfunddreißig, sei es an der Zeit, endlich mal auszufliegen. Wenn das Theater einen neuen Weg und ein neues Ziel finden sollte, dann bestimmt nicht ohne Risiko und ohne Veränderung. So hatte er sich das zurechtgelegt, so hatte er Denken und Reden gelernt.

Auch das Landestheater wurde zur Baustelle. Foyer und Zuschauerraum, Bühne und Unterbühne, Garderoben und Werkstätten. Selten hatte er ein so geschundenes Kleinod gesehen. Durch die neoklassizistische Pracht zogen breite Risse ihre Fahrten in den Verfall, an mehreren Stellen bestand Einsturzgefahr, die lichtlosen Untergelasse erinnerten an Höhlen, mitunter regnete es ins Haus, die Maschine stammte größtenteils aus Vorkriegszeiten.

Man wollte Sempers Klarheit zurück. Schließlich ging es um den Stolz der Stadt. Man gab sich viel Mühe, und der unerbittliche Freistaat zahlte wieder einmal über zwanzig Millionen.

Nachdem das Gebäude von innen und außen eingerüstet war, schoben sich die Handwerkerformationen vom Haupteingang her Richtung Bühne durch das Haus. Überall wurde die Kunst durch Preßluftbohrsalven aufgeschreckt und flüchtete in die letzten, abgelegenen Probenräume, von deren Decken der Putz fiel, wenn zu viele Leute gleichzeitig probten. Räumkommandos trugen klapprige Möbel durch die Gänge, das Heizungssystem des Theaters wurde an die Aggregate des gegenüberliegenden Arbeitsamtes angeschlossen.

Ein paar Monate später lichtete sich der Baunebel, und es ließ sich ein erster Eindruck gewinnen, wie das Haus bald aussehen würde. Unter schweren Störungen wurde weitergeprobt. Die Türen zu den Foyers waren ausgehängt, während draußen der Teppich verlegt wurde. Der Dirigent hatte Schwierigkeiten, das Orchester vor Taktschlägen zu schützen, die die Handwerker verursachten. Seine Gesten am Pult fielen besonders groß aus. Nitrolack dünstete durch den Raum. Die Sängerin der Pamina legte sich ein feuchtes Tuch über das Gesicht, sobald sie ihren jeweiligen Einsatz beendet hatte. Dann entdeckte der technische Leiter, daß der eiserne Vorhang, der Bühne und Zuschauersaal im Ernstfall trennt, verkehrtherum eingebaut worden war. Das war nun nicht mehr zu ändern und sah für die Theaterprofis so komisch aus, daß alles in Lachen ausbrach, wenn der Vorhang probehalber abgesenkt wurde. Hoffentlich würde man sich an den Anblick bis zu den ersten Vorstellungen gewöhnen.

Der Termin der Eröffnung nahte unwiderruflich, während die Zeitpläne für die letzten Arbeiten fast in jeder Sitzung der Baukommission geändert wurden. Die Verzauberung des Zuschauers sollte schon beim Platznehmen beginnen. Man hatte sich entschieden, weichere, breitere und tiefere Stühle auszuwählen. Unglücklicherweise war der alte Sitzplan zu Rate gezogen worden, um die kleineren Stühle durch die neuen zu ersetzen. Die Arbeiter der Stuhlfirma stellten zwei Tage, nachdem sie ihr Werk begonnen hatten, fest, daß sechs neue Stühle genausoviel Platz benötigten wie sieben alte. Der Abstand zwischen den Reihen verkleinerte sich erheblich, und die Zuschauer würden sich noch elender auf ihren Platz quetschen müssen als früher. Vor manchen Plätzen im Parkett oder im Rang ragten die edlen, schlanken Stützsäulen empor, mehr als hundert Stühle würden sich aus Platzmangel gar nicht einbauen lassen. Darauf packten die Handwerker in der Nacht die Stühle wieder ein und verschwanden.

Am nächsten Morgen sammelten sich auf seinem Schreibtisch die Spekulationen darüber, wohin die Arbeiter geflohen sein mochten und wie die Eröffnung zu retten sei. Landtag und Kabinett stehend im Parkett: ein amüsanter Gedanke. Eine deutsche Firma hatte den Auftrag bekommen und an eine slowenische weitergegeben. Die Arbeiter und die Stühle wurden schließlich in Ljubljana gefunden. Transportkisten mit der Aufschrift: Kino Altenburg. Der Einbau wurde provisorisch vorgenommen. Zur Eröffnung mußten sie schließlich Stühle haben. Wo Säulen zwischen die Beine gerieten, wurden die einfacheren Chargen plaziert. Später würde ein Teil der Stühle ausgetauscht werden müssen.

Mit dem »Freischütz« wurde die Vereinigung besiegelt. Das neue Theater verfügte über acht Spielstätten.

Sechshundert Menschen, darunter allein hundertfünfundzwanzig Musiker, setzten 44 Millionen um, damit dreizehnhundertmal pro Saison der Vorhang hochgehen konnte. Und die Maschine rotierte. In ihrem Lärm gingen die leisen Zweifel über den Sinn der ganzen Sache unter. Die Häuser waren gerettet, nun spielt mal schön! So sah das wenigstens die Politik. Vor allem bei ihnen zu Hause kam keine Erregung auf. Das Theater bestand doch noch, war sogar renoviert worden, und auf der Bühne tanzten und spielten dieselben Künstler. War überhaupt etwas passiert? Zwischen den Stadträndern begegneten sich morgens und nachmittags kleine und große Busse mit den neuen Kollegen auf dem Weg zu Proben und Vorstellungen in den jeweils anderen Häusern. Techniker mußten ausgetauscht werden, die Ballettkompanie trat an beiden Bühnen gleichzeitig auf, und die Theaterleitung hatte ihr Büro im Auto aufgeschlagen. Der Große hatte für den Kleineren das Ruder in die Hand genommen und versuchte, das Boot in ruhigere Gewässer zu lenken. Es hätte kein treffenderes Gleichnis auf die Lage in der neuen Republik geben können.

Die Kraft der Verwandlung war nicht zu unterschätzen, der Anpassungsreflex, der sofort einsetzt, wenn sich Theaterleute zum ersten Mal begegnen. Das geschah jetzt jeden Tag. Jeden Tag lernte man neue Kollegen kennen, jeden Tag der gleiche Reflex. Weil das alles so ging, kam das Boot tatsächlich in ruhigere Gewässer, und alle begriffen, daß sie gemeinsam darin saßen. Kein Krieg also, keine Intrigen. Manchmal soziale Behauptungen und Niederlagen. Wenn die Diva des einen Hauses zugunsten der des anderen eine Rolle nicht bekam. Wer spricht von Gerechtigkeit? Im Theater ist sie meist ausgeschlossen.

Mit dem gemeinsamen Betriebsrat ging er in Verhandlungen über die Finanzierung der Pendelbusse zwischen den Theatern. Weil nicht jeder mitfuhr und nicht jeder fahren mußte, wollte auch nicht jeder bezahlen. Er mußte sich zu vielen Dingen etwas einfallen lassen, von deren Eintreten er nichts geahnt hatte. Zum Beispiel konnte er unmöglich zulassen, daß ein Tischler hier besser bezahlt wurde als sein Kollege dort. Nur ihm fehlte das Geld, um ein paar Dutzend Leuten auf einen Schlag einen Ausgleich zu geben. Das Landestheater bot seine Kunst zu niedrigeren Preisen an. Das Programm war jetzt jedoch dasselbe. Würde er die Preise anheben, riskierte er neuen Ärger mit den ohnehin beleidigten Besuchern des Landestheaters. Wenn nicht, durfte sich das in der einstigen Industriestadt nicht herumsprechen.

Wurden die Asymmetrien zwischen den Ensembles allmählich durch die heftige Rotation des Betriebes gebrochen, traten sie im Publikum hart hervor. Eine empörte Zuschauerin aus der Nachbarschaft erklärte, sie wolle nicht ertragen, daß ihre Sänger auf der Bühne Kollegen aus dem anderen Haus bedienen müßten. Er hielt den für die Produktion zuständigen Dramaturgen ab, die Dame darüber aufzuklären, die Partie sehe nun einmal vor, daß die Soubrette dem Mezzosopran aufwartete. Mit Argumenten war dieser Art Leute nicht zu kommen.

Die Ausländer unter den Künstlern hätten sich über diesen ganzen Identitätskram amüsiert, wären sie nicht aus guten Gründen vorsichtig gewesen. Schließlich wollten sie in Ruhe gelassen werden. Sie stammten aus dem Kaukasus, aus Leningrad, Warschau und Temesvar und zählten zu den besten Musikern und Tänzern. Der ganze Ostblock war vertreten, inzwischen auch Leute aus dem Westen. Die Bühne war ihre Heimat, die Verwandlung ihr Patriotismus. So leichtfüßig war das Heimatvolk nicht.

Auf Veranlassung einer Dramaturgin fanden sich die beiden Freundeskreise zusammen. Er empfing sie im Konzertsaal, ein paar Dutzend Theaterfreunde, vornehmlich höhere Jahrgänge. Die Delegationen waren durch einen Gang voneinander getrennt, die einen saßen links, die anderen rechts vor ihm im Parkett. Die einen lächelten, die anderen nicht. Er versuchte, witzig zu sein, was nur auf der einen Seite ankam. Dann stand der Sprecher aus der Nachbarstadt auf und verlangte einen ausgewogenen Spielplan mit größerer Präsenz ihrer Produktionen. Das Argument, es gebe *ein* Theater mit *gemeinsamen* Aufführungen, stieß auf feindseliges Schweigen. Der Mann legte nach, er vermisse Herrn X. Dessen Vertrag war nicht verlängert worden. Das wollte der Mann nicht einsehen. Beim Hinausgehen murmelte er dem Direktor zu, der wisse gar nicht, was für ein Juwel das Landestheater sei. Und welche Tradition!

Die Ressentiments würden weit reichen, bis in die nächsten Glieder. Heftig würden sie überall durch die Scholle stoßen und ihren Samen ausstreuen. Um jeden Aufbauversuch würden sie sich ranken, jede Hand, die sich ausstreckte, beklettern. Die Situation begrüßende Worte würden vor der Mauer ihrer Ablehnung keine Gnade finden. Zu viel war inzwischen anders geworden, als daß man auch nur eine einzige Bewegung noch gutgeheißen hätte. Jede Veränderung war ein Anschlag.

Gewiß, er war auf der Seite der Sieger. Mit seinen Leuten, mit dem Theater. Die wechselhaften Umtriebe im Paradies wirkten inzwischen vertraut, das Leben war in der neuen Wirklichkeit entworfen. Die Maschine produzierte, das steigende Tempo beunruhigte nicht mehr. Sechshundert Mitarbeiter wirkten am Bühnenglück, Abend für Abend hob sich der Vorhang über mehreren Szenen. Aber ihr Trachten galt einem Publikum, das sie erst noch finden mußten. Erfinden.

Die Dramaturgen klopften an die Wände des Zeitgeistes. Hinter der mürben Fassade klang es fast überall hohl. Am leichtesten ließen sich die Leute mit »Jesus Christ Superstar« und dem »Raub der Sabinerinnen« verführen. Mit starken Emotionen, Kitscherregung, Erregung öffentlichen Kleinvergnügens. Shakespeare, Tschechow und Verdi wurden nur im Dutzend zusammen mit Nullgewichten der schwerelosen Unterhaltung akzeptiert. Schließlich, die Leute kamen, um für ein paar Stunden vor der neuen Wirklichkeit Ruhe zu haben. Sie wollten Melodien, die sie mit leicht zitternder Stimme mitsummen konnten.

Dieses Verpackungsprinzip sollte sich, so der Gedanke, auch gegenüber den Jungen bewähren. Dem zunächst noch ausbleibenden, neuen Publikum. Woher konnte der Magnetismus kommen, die Sechzehn- oder Fünfundzwanzigjährigen hereinzuholen? Was wäre der richtige Hype? Nach einer »Räuber«-Aufführung stellten sie eine Heavy Metal Combo auf die Bühne. Auf der anschließenden Party wurde jugendlich ausgeschweift. Die von der Combo ausgelösten Vibrationen saugten an den Jugendstilpilastern, Bühne und Zuschauerraum waren in blaue Nebelschwaden gehüllt, die Menge wurde unübersichtlich, in den Bierlachen auf der Bühne verglühte buntes Scheinwerferlicht, und wem es zu anstrengend war, aufs Klo zu gehen, der pinkelte in die Bühnengassen. Am nächsten Tag mußten Glasscherben und Sperma von den Sitzpolstern im Parkett entfernt werden, ehe die Maschine wieder angeworfen werden konnte. Die meisten Besucher der Party waren erst gekommen, nachdem die »Räuber«-Vorstellung zu Ende war. Sie kehrten nie wieder zurück.

Unter den Mitarbeitern machte das Wort von der Entweihung die Runde. So ging es doch wohl nicht.

Dreizehnhundert Vorstellungen auf acht Spielstätten, von »Aida« bis zum »Kontrabaß«. Ein einziger Kampf. Andere Leute mochten Brötchen backen, Regelanfragen an die Gauck-Behörde bearbeiten oder Autobahnkilometer aneinanderfügen, im Theater wurde um den treffenden Ausdruck gerungen.

Weder das Darstellen noch das Musizieren noch das Inszenieren war ihm beigebracht worden. Aber saß er unter ihnen, am Bühnenrand, in der Kantine, so schmolz das Fremde von ihm ab. Vielleicht gab es einen kühlen Luftzug zwischen ihm und den Künstlern, aber selbst der kündigte Vertrauen an. Über den Graben hinweg. Er wäre überall fremd gewesen, auch unter den Brötchenbäckern, den Regelanfragebeantwortern und Autobahnkilometer-Aneinanderfügenden. Seit er entdeckt hatte, daß auch zwischen den Künstlern eine vertraute Fremdheit herrschte, sobald der professionelle Code der Zeichen und Gebärden abfiel und es auf den Kern, die eigentliche Arbeit, zuging, zählte er sich wie selbstverständlich dazu. Weil man ihn über sie gesetzt hatte, setzte er sich unter sie. Nicht, um die Unterschiede und Spuren zu verwischen, sondern um sie zu sichern. Für die leichten und die schweren Stunden, die Siege und die Niederlagen.

Der Druck auf das Ganze und seine Glieder wuchs. Der Abonnent forderte mehr Unterhaltung und manchmal mehr Erhebung, der Kritiker mehr Qualität (worunter er nichts anderes verstand als der Abonnent), der Politiker niedrigere Ausgaben und der Alltag steigende Konzentration. Die Konkurrenz wuchs schneller, als sie anerkennen wollten. Der bürgerliche Teil der Bevölkerung hatte zwischen Schlagerherzbuben im Kulturhaus, Action bei der Ufa und feinerem Sentiment auf den städtischen Bühnen zu entscheiden. Vielen fiel die Entscheidung leicht, zuungunsten des Theaters. Konkurrenz wuchs auch im eigenen Haus. Für die Sängerin der Salome oder die Solistenposition im Ballett kamen plötzlich Anwärter aus allen Himmelsrichtungen in Frage. Die Welt war größer geworden, die Passage breiter.

Er glaubte, in der Gegenwart eingetroffen zu sein. Sah er sich um, fiel sein Blick auf Vertrautes. Sein Reden mischte sich unauffällig unter das der anderen. Ein Blick aus dem Fenster, in die Zeitung, auf die Bildschirme: kaum noch Überraschungen, selten ein Pulswechsel. Je länger die großen Ausbrüche zurücklagen, desto selbstverständlicher kam ihm alles, kam er sich selbst vor. Und so, das Gemüt und die Wahrnehmung kaum mehr in die eine oder die andere Richtung beunruhigt, erfüllte ihn stoische Genugtuung. Er sah immer weniger, was er sah. Selbst in den Aus-Zeiten, da er seinem Theater und seinem Land vorübergehend den Rücken kehrte: keine Sensationen mehr, nicht einmal stille Erregung. Er war angekommen in der generellen Blindheit und Taubheit. Die Wirklichkeit stank zwar ein bißchen, war blasser und blasser geworden, aber die Gelassenheit, mit der sie die Nachrichten über die fortgesetzte Verschlechterung der Lage entgegennahmen, die Distanz, die diese Nachrichten selbst hielten, und die heranreifende Überzeugung, daß die Ausbrüche der Wirklichkeit vorüber waren und bald schon ungestörter Friede im Paradies einkehren werde, teilten sich Zug um Zug auch seiner nervösen Seele mit. Fast hielt er die Geschichte für erledigt. Die Wirklichkeit hüllte sich in ein raffiniertes Schimmelkleid mit unzähligen blütenweißen, weichen Falten. Wohin er blickte, wonach er griff, in was er hineinbiß: überall naturidentische Patente, denen gegenüber die Realität mürbe und derangiert aussah.

Aber der Zersetzungsprozeß ging weiter, der Moment der Auflösung in Genugtuung vorüber, das Kommen und Gehen unter den Leuten wurde hastiger, die Nachrichten vom Guten und vor allem vom Schlechten rückten näher, neue und immer neue Errungenschaften der Menschheit stürzten auf ihn ein. Der Himmel über dem Paradies erglomm in den Neonfarben einer unabwendbaren Zukunft, der Brandung der virtuellen Welt. In mächtigen Wellen schoß sie über das Land, und da, wo sie sich zurückzog, hinterließ sie ihren blütenweißen, weichen Schimmel.

Aus Lautsprechern und Schlagzeilen, von Bildschirmen und Werbeplakaten schrie es ihm entgegen: Geh weiter, bleib nicht stehen! Überall die unmißverständliche Aufforderung, in Bewegung zu bleiben, die Veränderung als einzige Konstante in seinem Leben zu akzeptieren. Unversehens entglitt ihm die Fühlung mit der Gegenwart, die ihre Legitimation daraus bezogen hatte, der Vergangenheit überlegen zu sein. Die Vergangenheit war hinter Glas zu besichtigen. Historische Werkzeuge, vorzeitliche Technologien, ausgediente Bräuche, überholte Ideen. Nun rückte die Gegenwart hinter Glas. Allem, was man in den Händen hielt, womit man sich fortbewegte, was man auf dem Körper trug, wurde unter dem Diktum der ultimativen Zukunft das Stigma des Vorläufigen und Überholten aufgetragen. Taschenuhr, Laptop, Kreditkarte – der Glanz der gegenwärtigen Errungenschaften schmolz in der Sonne der Zukunft wie Schnee von gestern. Traditionen, Überzeugungen, Standpunkte, Ehrenworte: zu opfern auf dem Altar des Vorwärts, der Veränderung. Während militärischer Einsätze wurden Pazifisten zu Befürwortern der Einsätze und Verteidiger von Law and Order zu ihren Gegnern. Wer eben noch Champion war, spielte morgen schon in der zweiten Liga, jedermann schoß seiner fünfminütigen Weltbedeutung entgegen und stürzte gleich darauf ab.

Die allgemeine Mobilmachung führt dazu, daß sich nichts mehr bewegt. Der Stau wird zum Indikator einer Epoche, in der alles und nichts unterwegs ist. Autobahnen werden zu Parkplätzen, Telefonschleifen zu rotierenden Aufenthaltsräumen. Sobald sich Feiertage ankündigen, ist alles auf Rädern oder in der Luft. Die alte, traurige russische Weisheit, das Glück befinde sich immer dort, wo man gerade nicht sei, kommt neu zur Geltung. Wir sind nirgends zu Hause, wir sind überall zu Hause. Als erfülle sich Novalis' Hoffnung, wir machten das gesamte All zu unserer Heimat. Alles wird Passage und Ziel. Flughafenlounges empfangen den Flieger mit Duschen und Ruheräumen. Transiträume mit Shopping Malls und Konferenzrevieren. Verkehrsknoten, Bahnhöfe und Flughäfen, ziehen Leute an, um sie wieder wegzuschicken, ohne daß sie mit dem Ort in Berührung gekommen sind.

Die Mobilität der Massen läßt erahnen, daß der neue Luxus darin besteht, sich nicht mehr bewegen zu müssen. Wer aus den raffinierten Käfigen der Kommunikation zu entrinnen vermag, zählt zu den Privilegierten der Epoche. Er ist Herr jenes Zeitgutes, das dem zur Bewegung und Flexibilität Verurteilten genommen worden ist.

Die Zeit fliegt, sie verfliegt. Sie erreicht ein Tempo, indem sie sich selbst auf mehreren Bahnen gleichzeitig überholt. Sie prallt auf die Zeitschallmauer. Verliert ihre Linearität. Parallelzeiten splittern durch den Raum und treiben uns vor sich her. Vergangenheit, Gegenwart und Zukunft schieben sich zu einem Stapel unvereinbarer Zeitzustände übereinander. Minderjährige bestimmen kulturelle Trends, werden zu Werbezielgruppen, kaufen Aktien. Unter dem Diktat des Jugendlichkeitskultes erodiert das Selbstbewußtsein des Alters. Pensionäre wehren sich mit allen Mitteln der kosmetischen Kunst gegen das biologische Gesetz.

Man zappt sich durch die Wirklichkeit. Paare genügen sich nicht mehr in ihrer linearen Beziehung. Sexuelles, finanzielles, informelles Vermögen wird in verschiedene Fonds investiert. Fernseher und Computer laufen rund um die Uhr und werden gleichzeitig benutzt. Durch ein Fenster werden Nachrichten verschickt, durch das andere Spielfilme konsumiert. Mobiltelefon und Laptop ermöglichen Anwesenheit und Konzentration in der Bewegung.

Die Zeit nahte als Schwarm von Gleichzeiten. Sie vertrieb ihn aus der Gegenwart, vertrieb die Gegenwart selbst. Es konnte also keine Rede davon sein, daß er in ihr eingetroffen war. Die alte und die neue Zeit lagen zerstritten nebeneinander, und er besaß nicht die Macht, sie miteinander auszusöhnen. Doch das Paradies hatte viele Stationen. Seine Tage in der ehemaligen Industrie- und der einstigen Residenzstadt waren gezählt. Er kehrte Deutschland den Rücken. Vielleicht, dachte er, würde diese fremde Erde der Heimat vertrauter, wenn er sie verließ.

V.
Im Land des großen Friedens

Über der oberrheinischen Lagune des Wohlstands zogen die Stürme grenzenloser Kapitalbewegungen herauf. Basel hatte alle Brüche und Eruptionen des zwanzigsten Jahrhunderts so gut wie ohne Heimsuchungen überstanden, die Katastrophen hatten vor den Grenzen des Städtchens haltgemacht, die apokalyptischen Reiter waren am anderen Ufer des Flusses stehengeblieben. Nun, zum Ende des Jahrhunderts, mitten in die friedliche und selbstzufriedene Neutralität, in der die Zukunft seit langem gut und vorhersehbar war, in der sich die Jahres- und die Mahlzeiten pünktlich abgewechselt hatten und der Bürger noch ein Bürger war, also nicht nur seine Rechte kannte, sondern auch seine Pflichten, mitten in diese zufriedene Normalität hagelten plötzlich die schweren goldenen Körner der Globalisierung. Dem einen zerstörten sie das Dach, dem anderen flogen sie ins Portemonnaie.

Über Jahrzehnte hatten Chemie und Banken die freundliche Normalität des Städtchens behütet. Seine Bürger lebten friedlich und neutral zusammen, die einen gingen in die Fabriken, die Produktion zu steigern, die anderen in die Kanzleien und Großraumbüros, die Kapitalströme zu lenken, und noch andere gingen einmal im Jahr zur Generalversammlung der Aktien- und Zertifikatsinhaber, um sich zu vergewissern, daß die Produktion tatsächlich stieg und die Kapitalströme in die richtige Richtung strömten. Die Geschicke hatten sich bislang trefflich gefügt und die bescheidenen Hoffnungen meist erfüllt, man hatte genug zu essen, war ein bißchen vermögend oder mehr, manchmal war man sogar so reich, daß man zu den Reichsten der Reichen auf dem Kontinent zählte, was den Bürgern der Lagune aber eher peinlich war und sie zu noch größerer Bescheidenheit in ihrem Hoffen und Wünschen anhielt, zu unerhörtem Understatement, zur allergroßbürgerlichsten Selbstverkleinerung.

Der vermögende Bürger lebte und kleidete sich immer noch unscheinbarer und bedürfnisloser, als das sein unendlich weniger vermögender Nachbar schon tat. Und bei alldem hatte auch die Formel, Reichtum ohne Funktion dürfe nicht geduldet werden, ihre Magie noch nicht verloren. Der Reichtum gab sich Funktionen, wurde tätig im öffentlichen Leben, gab ab, wenn Mangel herrschte.

Wer mehr hatte, gab auch mehr, und so war in der oberrheinischen Lagune mildtätiger Eifer zu beobachten, Stiftungen sorgten sich um das Wohl von Kranken und Verlassenen, Mäzene gründeten Museen und Orchester, anonyme Spender stellten ihre Gemälde- und Antikensammlungen der Öffentlichkeit zur Verfügung oder sammelten Millionen für ein neues Schauspielhaus. Und über allem waltete eifriger Frieden.

Der nur selten in Gefahr geraten war: Als unter den Brücken des Städtchens der Rhein einmal erbleichte und sich der Himmel über den Schornsteinen und Raffinerien rötete und der neutrale Bürger durch den Rundfunk aufgefordert wurde, das Heim nicht zu verlassen und die Fenster geschlossen zu halten, da saß dieser Bürger von der Sorge gegeißelt in seinen vier Wänden, nun könne es mit dem Frieden und mit dem Glück in der Lagune vorbei sein.

Kaum hatten der Rhein und der Himmel über den Raffinerien ihre Farbe zurückgewonnen, marschierte der selten empörte Bürger vor die Werkstore der Chemie und hob die geschlossene Faust, zum Zeichen eben seiner Empörung. Tote Fische wurden vor die Füße der Chemiemagnaten geschleudert, einen Augenblick lang sah es so aus, als wollte der sonst so friedliche Bürger die Chemie am liebsten aus seiner Lagune vertreiben. Bald aber kehrte Besonnenheit zurück, der Bürger ging wieder nach Hause, in die Fabrik, in die Kanzlei, die Manager versprachen, vorsichtiger zu sein mit dem Fluß und der Luft über der Lagune, sie gewährten sorgfältige Einblicke in die geschlossenen Kreisläufe der Produktion, und der Frieden war wiederhergestellt.

Bis die großen, goldenen Körner vom Himmel fielen, in den Schoß den einen, auf den Kopf den anderen. Eine der ersten großen Fusionen auf dem Kontinent verschmolz zwei Wirtschaftskontrahenten, die am Rande der Lagune in weltumspannender Konkurrenz bewährte Pharmazeutika hergestellt und neue entwickelt hatten. Nach vorsichtigen Übernahmegeplänkeln hatte man sich entschieden, nun gemeinsam für die Gesundheit des Menschen zu wirken. In der dem Ereignis gewidmeten Sonderausgabe der örtlichen Tageszeitung waren unter den Fakten des Fusionsbeschlusses Ankündigungen über die Zahl der im neuen Unternehmen überflüssigen Stellen zu lesen und natürlich von der rapiden Levitation der Börsenkurse.

Von nun an würden nicht mehr alle Bürger gleich zufrieden und neutral sein. Vor allem unter denen, die täglich in die Fabriken gezogen waren, die Produktion zu mehren, machte sich Unruhe darüber breit, wie lange sie noch dazugehören würden. Auf den außerordentlichen

Aktionärsversammlungen hingegen durften sich die Aktieninhaber erleichtert davon überzeugen, daß die Kapitalströme auch weiterhin flossen, nur strömten sie jetzt in größerer Breite und Tiefe. Da sich die sehr vermögenden Bürger nun nicht noch schlichter zu kleiden vermochten und die unendlich weniger vermögenden Nachbarn nicht mehr alle standesgemäß zufrieden waren, wurde die Lage in der Lagune unübersichtlich.

Im übrigen war es so, daß keineswegs nur die Kleinen vom Abbau heimgesucht wurden. Gerade in den Chefetagen wurden Stühle eingesammelt. Der dort ohnehin beschleunigte Takt überschlug sich. Während weltweit dreihundert Topkader übernommen wurden, bereiteten sich Hunderte von nicht Übernommenen auf den Absprung, die Frühpension oder den Absturz vor. Zwischen Gewerkschaften und Management wurden Abbauszenarien entworfen, mit Pensionierungs- und Altersvorsorgestufen, Abfindungen für die Stürzenden.

Um die neu entstandene, dampfende Produktionsmaschine fit zu halten, mußten Einsparpotentiale ausfindig gemacht werden. Die Neurose des neuen Sparens nun also auch hier, in der so lange friedlichen Lagune am Oberrhein. Abbauszenarien und Sozialpläne gaben dem Wort »Entlohnung« einen neuen Sinn: War bisher eine geleistete Arbeit, in der Regel durch Geld, entlohnt worden, ging es nun zunehmend nicht mehr um die zu leistende Arbeit, sondern um Arbeit, die verhindert werden mußte, um die Kosten zu senken und die Vermögen der Aktieninhaber zu mehren. So wurden viele der kleinen und der großen Arbeiter entlohnt, bis sie eine neue Beschäftigung gefunden haben würden.

Besonders die teurer Entlohnten fanden sie nicht. Sie hockten beschäftigungslos zu Hause, machten die Küche zum Kabinett und die Gattin zur persönlichen Mitarbeiterin, rollten ihren Haß aus über den Undank der Firma und die Kaltschnäuzigkeit der ehemaligen Kollegen, verließen nur im Dunkeln und für kurze Spaziergänge mit dem Hund die Wohnung oder stürzten sich mit dem Rest ihrer Abfindung auf teure Whiskysorten und in aussichtslose Affären mit der Sekretärin des Widersachers, der nun auf dem Stuhl saß, der bis eben der ihrige gewesen war. Sprang einer der neuen Überflüssigen von der Brücke in den Fluß, nahm die örtliche Öffentlichkeit andachtsvoll keine Notiz.

Sturm und Hagel zogen vorüber, aber der eifrige Friede kehrte nicht so friedlich zurück. Zu viele Wunden und Dachschäden hatten die goldenen Körner der Globalisierung hinterlassen, und die Chemie, die diesen Frieden so lange vom Rand der Lagune aus behütet hatte und die von den empörten Bürgern einst für einen Augenblick beinahe zum Teufel gewünscht worden war, sie zog sich mehr und mehr in ihr eigenes Labyrinth zurück, in die Kolonnen und Raffinerien, und mancher Schornstein blieb kalt, weil man die Produktion nach Lateinamerika verlegt hatte, wo die kleinen und großen Arbeiter billiger zu haben waren. Die einstige, augenblickskurze Angst des Bürgers vor der Chemie fand einen Nachfolger in der neuen, dauerhaften Angst des Bürgers, die Chemie könne ihn und die Lagune im Stich lassen. Dann wäre es wohl endgültig aus mit dem Wohlstand, der Mildtätigkeit und dem eifrigen Frieden.

Als dann auch noch zwei Großbanken in einem verwegenen Großdeal ihre Kassen zusammenwarfen und für ein paar Wochen, ehe neue, größere Fusionen folgten, zur größten Kreditanstalt der Welt emporschossen, brach endgültig eine neue Zeit an. Die gigantischen, brot- und spielspendenden Konzerne thronten düster über dem hektisch gewordenen Städtchen. Die führenden Lenker der Kapitalströme stammten plötzlich oft nicht mehr wie früher aus einem der heimischen, anständigen alten Bürgerhäuser des Städtchens, sondern aus Deutschland, England oder Amerika. Sie waren nicht in der Lagune zur Schule gegangen, hatten keine humanistisch getönte Erziehung an der Universität erhalten, nicht ihre ersten Konzert- und Theatererlebnisse in Basels Kunstforen genossen und nichts vom Erfolg, vom Understatement und der Mildtätigkeit der Vorfahren mit auf den Weg bekommen. Sie wußten Geld zu machen, Leute zu drillen, Shareholder zu beraten und Standortvorteile zu nutzen. Sie verstanden, in die Zukunft zu investieren, denn sie hatten einen Instinkt für die Zukunft. Anders als viele ihrer Mitkonkurrenten und Kollegen, die aus dem Städtchen kamen und vor lauter humanistischer Erziehung und Kunstsinnigkeit den ultimativen Trend unterschätzt hatten, die ein bißchen zu großzügig, zu weich und mit einer leichten Verachtung für den Übereifer dieser scharfen Ausländer ihrer Beschäftigung nachgegangen waren, anders als diese zufriedenen Bürger kümmerte sich das neue Management allein um die Mehrung des Kapitals und hielt sich an den Tagesbefehl.

Die Unruhe in der Lagune konnte jedoch nicht darüber hinwegtäuschen, daß die eigentlichen Hauptstürme ihre Verwüstungen wieder einmal draußen anrichteten. Die einst freundliche und einladende Chemieindustrie und ihre Finanznachbarin sorgten vor allem in ihren Dependancen in der Welt für immer weniger Brot und das Ende der Spiele. Das neue Sparen wurde vehement forciert, für viele kleine Arbeiter gab es rasch auch keine Entlohnung für zu verhindernde Arbeit mehr.

Drüben, im Badischen, gingen die Leute wie in alten Zeiten für ihre Rechte auf die Straße, aber die Bosse saßen jenseits des Rheins, wo es andere Rechte gab, und dann mußte der Verkehr weiterfließen, und die Leute gingen traurig nach Hause. Allein in jener Welt, die nach Zählung der Ersten die Dritte genannt wird, kam es anstelle von Hagelstürmen mitunter zu monsunartigen Segnungen. Weil hier die kleinen Arbeiter noch kleiner waren und niemand darüber erschrak, wenn der Fluß im Tal erbleichte oder der Himmel errötete, tat das Kapital hier noch ein vorläufig letztes Mal, wozu es eigentlich da war: Es investierte in neue Produktionsmittel. In China und Argentinien wuchsen Raffinerien aus dem Boden, in denen die neuen Remedien für das menschliche Wohlbefinden destilliert und rektifiziert wurden, deren chemische Formel von argentinischen und chinesischen Wissenschaftlern aus der oberrheinischen Lagune entwickelt worden war. Glasfiberschnüre verbanden das Städtchen mit der Welt. Wenn das neue Management an ihnen zog, fielen in Hongkong Dekorationen und in Kanada wurden neue aufgestellt. Oder umgekehrt. Zwischen diesen Schnüren richtete sich der brave Bürger in seiner neuen Wirklichkeit ein.

Und er ebenfalls. Als er einen Anruf aus dem Städtchen erhielt, erinnerte er sich, in den zurückliegenden Monaten häufig von ihm gehört zu haben. Die Regierung hatte beschlossen, die Subventionen für das Theater um dreißig Prozent zu kürzen, dieser Beschluß war dann durch einen Volksentscheid zurückgewiesen worden. Der eine Saison zuvor neu installierte Direktor, der die Sache mit der Regierung neu hätte verhandeln müssen, erwies sich bald als seiner Aufgabe nicht gewachsen. Nicht nur, daß er, der ansonsten Berner Sennenhunde züchtete, unglückliche Sparmodelle entwickelte, denen er Namen wie »Cappuccino« oder »Espresso« gab, »Ristretto« und »Coretto«, und die ansonsten von nichts anderem zeugten als einer servilen Bereitschaft, die regierungsrätlichen Sparauflagen zu erfüllen: Kosten zu senken, koste es, was es wolle. Die künstlerische Produktion litt außerdem unter kapitalen Mißerfolgen, und die laufenden Kosten überschritten trotz aller Bemühungen das gesetzte Budget um eine Million. Das Theater lief unweigerlich aus dem Ruder, der Direktor mußte nach wenigen Monaten gehen.

Mit Meldungen über diese Geschehnisse hatte das Theater seit einiger Zeit die deutschsprachigen Feuilletons unterhalten und die Phantasie seiner Leser angeregt. Auch seine. Deshalb nahm er die Einladung des Anrufers aus der Schweiz an. Zehn Wochen später wählte ihn der Verwaltungsrat der Theatergenossenschaft zum neuen Direktor ab 1996.

In der Kommission hatten sich vor allem Experten das Wort gegeben, Intendantenkollegen, die sich seit Jahrzehnten um das Theaterwesen im Deutschen verdient gemacht hatten. Ein prominenter Kritiker hatte seiner Kandidatur anfangs heftig widersprochen: Er sei zu jung und unbekannt und komme schließlich aus einem sozialen und kulturellen Zusammenhang, der ihn in nichts für diese Arbeit prädestiniere. Dennoch, er wurde gewählt.

Von nun an saß er auf der Luftschaukel. Zweimal pro Woche ließ er sich von den oft turbulenzgeschüttelten Maschinen der regionalen Fluggesellschaft zwischen Deutschland und der Schweiz hin- und hertragen, oft war er der einzige Passagier an Bord. Dunkelhäutige Flight Attendents mit französischem Akzent bewiesen, daß er in ein anderes Land unterwegs war. Beim Anflug auf die

Stadt am Oberrhein hatte er die Alpengletscher über dem Wolkenvlies. Den Großraum seiner eifrigen Pendelfahrten zwischen Altenburg und Gera, über nächtliche Landstraßen, den Blick am Scheibenwischer vorbei ins Dunkel gestochen, diesen Großraum sah er nun häufig von oben. Wie friedlich die Äcker im Osterland lagen. Manchmal blieb er auf der Autobahn in Deutschland zum Flughafen im Geschiebe hängen und sah aus dem Auto seine Maschine abheben. Der Flughafen in Deutschland war ständig im Auf- und Umbau, weshalb die Propellermaschinen auch schon mal zwanzig Minuten im Schneesturm über der Landebahn durch die Nacht kreisen mußten, da am Boden keine Räummaschinen aufzutreiben waren, oder er entdeckte dort, wo sich zwei Tage zuvor noch der Parkplatz mit seinem Wagen befunden hatte, eine riesige Baugrube und konnte erst nach mehreren Konsultationen des Bodenpersonals in Erfahrung bringen, daß man das Auto auf einen anderen Parkplatz verladen hatte, um die Bauarbeiten fortsetzen zu können.

Je länger er hin- und herschaukelte, desto mehr verlor er sich im Dreieck der Theater, an denen er beschäftigt war. Ab- und Anwesenheit verschmolzen zu Mobilität. Das Gegenüber drohte in ständiger Rotation zu verschwimmen. Sein Aufenthaltsort und seine jeweilige Geschwindigkeit waren nur annäherungsweise feststellbar. Seine Umwandlung in eine Managementmonade geschah unversehens. In den Verhandlungen, Planungen, Reden und Proben im Osten Deutschlands und in der Schweiz mußte er an- wie abwesenden, jetzigen wie künftigen Mitarbeitern weitreichende Zugriffsberechtigungen auf sich erteilen und dabei sorgfältig darauf achten, wie weit sie sich »in ihn« einmischen durften. Unter den ständigen Penetrationen, den guten und schlechten Nachrichten, den freundlichen und unfreundlichen Auseinandersetzungen überkam ihn unwillkürlich eine nie gekannte Gelassenheit. Gewiß, diese Vehemenz würde eines Tages nachlassen, aber so idyllisch wie damals, in der Stadt am Harz, da er nur ein kleines Theater durch die Geschicke der ersten Jahre zu bringen gehabt hatte, würde es nie wieder werden.

Doch die Geschicke der vereinigten Häuser sollte ein anderer in die Hand nehmen. Wehe dem, man würde diesem neuen Theater auch nur eine Million wegnehmen. Und daß man das eines Tages würde, daran zweifelte niemand, der ohne Scheuklappen um sich blickte.

Seine Aufenthaltsfrequenz am Oberrhein nahm zu. Wieder hatte er die politischen Passagen zu nehmen, in respektvollem Austausch unter intarsiengeschmückten Kassettendecken prächtiger Kabinette. Er lernte Abgrund und Größe helvetischer Basisdemokratie kennen. Im Ernstfall entschied hier nicht die Regierung und nicht das Parlament, im Ernstfall entschied der Stimmbürger. Der hatte der Regierung bereits vor seiner Ankunft die Zustimmung zu ihrem Sparbeschluß von dreißig Prozent Subventionskürzung verweigert. Nun tagte eine Parlamentskommission, den Theaterzuschuß neu festzulegen. Sie tagte gründlich und kritisch, viele Sitzungen unter Kassettendecken lang. Er machte den Vorschlag, das Haus mit fünfzehn Prozent weniger zu führen, immer noch mit ein paar Millionen mehr, als die Regierung zu geben bereit gewesen war. Am Ende aller Sitzungen machte die Kommission sein Szenario zu ihrer Sache.

Am letzten Tag vor den Parlamentsferien, dem Bündelitag, an dem die Schweizer ihr Bündel schnüren, bevor sie ins Tessin, an die Cote d'Azur oder ins Engadin ziehen, stimmte das Parlament mehrheitlich für seinen Vorschlag. Niemand mobilisierte das Volk gegen diese Entscheidung, der Stimmbürger schien zufrieden. Die Arbeit konnte beginnen.

Wieder einmal mußte er Künstlern begegnen, ihnen sagen, daß er nicht mit ihnen, sondern mit anderen zu arbeiten beabsichtigte. Wieder einmal gab es durch ihn verursachte Trennungen. Das war für niemanden überraschend. Wer mit dem Vorgänger gekommen war, hatte eine unglückliche Entscheidung getroffen. Etliche Schauspieler und Sänger waren auf den Wechsel vorbereitet und kamen seiner Entscheidung zuvor.

Wen *er* engagieren würde, nahm er sich vor, sollte besser fahren. Er gedachte Weggefährten zu wählen, die für möglichst viele Jahre die Verantwortung für Oper, Schauspiel und Tanz mit ihm teilen sollten; gedachte, über hundert Künstler für das Haus zu gewinnen, denen es eine künstlerische Heimat werden sollte, und dafür zu sorgen, daß sie es ihnen lange blieb. Also wählte und gewann er Künstler in Weimar, London, Hamburg, Luzern und Moskau; ein neuer Anfang.

Die Schweizer Stimmbürger kamen zu ihnen ins Theater, Deutsche und Franzosen aus der Nachbarschaft, Journalisten, Kritiker, der ganze Schwarm der Szene. Der Unvorsicht bewußt, ließ er ausrufen und auf Werbetafeln schreiben: Soviel Anfang war nie!

Die Nachbarn des Theaters, die Kunstvereinspräsidentin und der Pfarrer der City-Church, übergaben ihm am ersten Tag vor dem Haus Brot und Salz. Vor der Menge enthüllte er die blauen Lettern über dem Eingangsportal: »OFFEN«. Dann fluteten sie zu Tausenden herein, fluteten durch die Foyers, über die Bühne und die Seitenbühne, durch den Malersaal und die Probenräume, in die Fahrstühle und Garderoben, mit ihren Kindern und

Großmüttern und den ungeduldig an der Leine zerrenden Sehnsüchten nach einem neuen Theater, von dem sie doch nicht recht wußten, wie es eigentlich aussehen und daherkommen sollte.

Und dann: Der Weg mit dem Gefährten, dem er das Schauspiel anvertraut, der sich mit ihm gemeinsam schon in die Testgespräche vor der Kommission eingelassen hatte und der seit dreißig Jahren zu den Regisseuren zählte, deren Namen zu zitieren die Szene gewöhnt war, der Weg mit diesem Gefährten endete allen guten Vorsätzen zum Trotz bereits nach acht Monaten.

Soviel Mißverständnis war selten. Unversöhnliches Mißverständnis. Der Jüngere wollte zusammenarbeiten, der Ältere suchte den Abstand. Der Ältere suchte sich einer Autorität zu widersetzen, derer sich der Jüngere nicht bediente. Gewiß, da gab es ein anderes Kunstverständnis, eine Position der Unabhängigkeit, gegen die sich schwer etwas hätte einwenden lassen, hätte sie nicht zugleich Zonen der Sprachlosigkeit und Unsicherheit, auch unter den Gefährten, verursacht. Aber woher hätten die Gemeinsamkeiten auch kommen sollen, von denen Leute zehren, die sich hinauswagen, ein neues Theater auszurufen? Ein neues Ensemble gründen, Schauspieler, Assistenten, Bühnenbildner, Musiker, Regisseure verführen, ihren Hausstand in einer Stadt aufzugeben und in eine andere zu tragen? Gewiß, sie kamen beide aus dem Osten, der Ältere jedoch hatte den Westen schon zu der Zeit gewählt, als der Jüngere gerade zur Welt kam, hatte sein Theater gefunden, bevor der Jüngere überhaupt von ihm wußte. Vielleicht war die Ungleichzeitigkeit ihres Theaterdaseins für ein paar Augenblicke aufgehoben gewesen in der Entscheidung, dieses Haus zu übernehmen. Vielleicht hatten der Graben zwischen Ostdeutschland

und der Schweiz und die Feigheit des neuen Direktors vor
der äußersten Konsequenz, in allen Sparten und Abteilungen ins Ungewisse, Unerprobte, Neuzuerfindende vorzustoßen, ihn in den Monaten der Vorbereitung glauben
machen, daß die Ungleichzeitigkeit grundsätzlich aufhebbar sei.

Über den Vorbereitungen für die ersten Produktionen
und Premieren waren alle aufkeimenden Sorgen zurückgetreten. Sie waren mit der Inszenierung des Anfangs
beschäftigt, dem »Vorhang auf« und dem entschiedenen
Werberuf in die Stadt und in die Szene. Und in der Stadt
und der Szene, überall flammte Salut-Erwartung auf eine
bewegte und bewegende Kunst, auf Ironie, Esprit und
Sinnlichkeit nach den kümmerlichen Zeiten unter dem
unglücklichen Vorgänger.

Das Schauspiel enttäuschte die Erwartungen ein ums
andere Mal, mit halben Gesten und verzweifelt prominenten Besetzungen, mit düster und wild beabsichtigten
und amorph geratenen Aufführungen. Das brachte die
Sorge um das heimlich weitergewachsene Mißverständnis zurück, und da Enttäuschungen irreversibel sind und
neue Erwartungen schwer zu wecken, öffnete sich der
Graben zwischen dem Schauspiel und den anderen Künsten. Die Not in der einen Sparte konnte leicht auf die anderen Sparten übergreifen und ihre Künstler beirren. Das
Theater war unteilbar, und ging es einem seiner Glieder
nicht gut, so litt der ganze Körper.

Regionale und überregionale Zeitungen verbreiteten
ihr anfangs noch unentschiedenes Mißvergnügen, allmählich wurde der Feuilletonton schriller. Nicht allein die
Kunst des Inszenierens litt unter den Schmähungen, die
Angriffe richteten sich auch gegen die Schauspieler. Wer
sich aber jeden Abend dem dunklen Raum aussetzt, in

dem sich ein wenig gewogenes Publikum versammelt hat, zieht sich bald zurück in die Falten seines Ich. Das Ensemble fand sich im Kreis, die Lage zu beraten, aber schon die Lage selbst wurde im Kreis nicht gleichermaßen beurteilt. Das Reden und Sichöffnen wurde noch schwieriger. Schließlich kam der Bruch und das Ende.

Der Vorsatz, Heimat zu schaffen, war nach ein paar Monaten fürs erste gescheitert. Die Saison war noch nicht zu Ende, da bestellte der Intendant schon den zweiten Schauspieldirektor und trennte sich von einigen der gerade erst engagierten Schauspieler. Das Ensemble brach auseinander. Ein offener Brief machte die Runde: Es sei traurig, einen künstlerischen Anfang so rasch wieder aufzugeben, auch wenn der erste Mann den Kreis verlassen habe. Kunst brauche Zeit zur Entfaltung und Reife und nicht die hastigen Unterwerfungen unter den Erwartungsdruck der Öffentlichkeit. Das war deutlich und richtig, das hätte er auch sagen können, aber es war eben nur eine Option der Wahrheit, eine andere lautete, daß er nicht jetzt, sondern ganz zu Anfang einen Fehler gemacht hatte.

Der neue Mann war kaum über dreißig und ebenso unerfahren darin, Verantwortung zu tragen, wie er es selbst vor ein paar Jahren gewesen war, als er sich an das Theater am Harz hatte wählen lassen. Er habe sich für eine neue Generation von Theaterleuten entschieden, ließ er die Öffentlichkeit wissen, eine Generation, die in der Ausdruckswelt von Comics und Videotapes aufgewachsen sei, mit Tex Avery und Quentin Tarantino, mit B- und Splatter-Movies und dem todschicken Raffinement der Unterhaltungsindustrie. Es gehe um die Inauguration eines unbekümmerten, heiteren, ironischen, zynischen Stils mit schwerem Verdacht gegen alle Gesten der Aufklärung. Vorerst. Mit den Ikonen des Pop als neuen Leitbildern, der Ikonographie des Trash als Inszenierungsprogramm. Er sprang mit dieser Entscheidung auf die andere Halbkugel.

Bei seiner Bestellung hatten am Rand der öffentlichen Spekulationen über das Theater, das er präsentieren würde, Fragen nach seiner Reife hervorgeblitzt. Jetzt hieß es: Wie konnte er einem so jungen Menschen die Verantwortung für das Schauspiel übergeben? Er hatte ein ganz anderes Problem: Offenbar war er älter geworden und gehörte nun plötzlich zu den Erwachsenen.

Tatsächlich begann mit dem Neuen etwas, das mit seiner bisherigen Erfahrungs- und Phantasiewelt nichts gemein hatte. Unwillkürlich setzte er einen Trend, der die Szene tiefgründlich in Erregung versetzen sollte. Von nun an wurde ultimativ *gehypet*. Der Ensemblegedanke, das Bekenntnis zum Regietheater, ästhetische Crossovers, Durchmischungen von High- und Low-Culture – die zentrale Auskunft lautete: Ihr macht von nun an Theater für eine neue Generation. Daß vorläufig und weiterhin die meisten Zuschauer weit höheren Jahrgängen angehörten, machte niemanden irre. Die Jungen würden schon kommen.

Für das dramatische Personal wurden neue Archetypen entwickelt, spritzende Bedeutungsprojektile: ein texanischer Erdölclan in Artus' Tafelrunde, trojanische Soldaten als Back-Street-Bande, einsame Kinder in Bunny-Kostümen, russische Landhäuser als Videoprojektionen und helvetische Cowboys an Tramhaltestellen. Wie Schrotgarben flogen die Klassikerdeutungen von der Bühne in den Zuschauerraum. Ein bißchen sah das Ganze nach Revolte aus, ein bißchen nach einem Heidenspaß, und allmählich wurde Spaß ebenfalls zur Revolte umgedeutet. Im Projektionsraum dieses jungen Theaters hatte alles seine Signifikanz, nichts blieb dem Zufall überlassen. Der Schauspieler blieb Herr der Manege, doch wechselte das Bildrepertoire. Es orientierte sich an Kino und Hollywood, mit einem unsteten Rhythmus, der von elektrischen Saiteninstrumenten ausging.

Die Neuen im Schauspiel drehten am Rad des Theaters noch heftiger als die anderen Neuen aus Oper und Tanz. Alle Abteilungen wurden von der Dynamik mitgerissen. Obwohl die Ressourcen, die ihnen zur Verfügung standen, geschrumpft waren, brachten sie es auf mehr Produktionen und hybride Projekte. Vom Schreiner zum Heldentenor, alle standen unter Hochspannung, und sie vertrauten darauf, die Vibrationen könnten sich allmählich in der Stadt ausbreiten.

Zu Beginn hatte er bereits deklariert, Theater sei die professionelle Herstellung von Blitzschlägen und es gehe um die Eroberung der Stadt, die sie gerufen habe. Sie machten mit einer Hemmungslosigkeit Theater, als gäbe es kein Morgen mehr. Draußen in der Welt würdigte man ihre Hybris rascher und entschiedener als in ihrem neuen Zuhause. Scharen von Berichterstattern kamen aus allen Himmelsrichtungen, die Szene aus Hamburg, Berlin und Wien kam, sah und trug die Nachricht von ihrer produktiven Hybris weiter, die Nachricht multiplizierte, potenzierte sich, das Echo der Verbreitung kehrte zurück, nahm im Zuschauerraum Platz und verstärkte sich in einer neuen Runde.

Aber sie handelten sich nicht nur Zustimmung ein mit dem Versuch, die große Erzählung der Bühne mal mit den Mitteln der Popkultur und mal mit denen einer abgefeimten Ästhetik der Langsamkeit fortzusetzen. Die Direktive lautete, den Zeitgeist auf der Bühne anzuhalten und mit dem Geist des Widerspenstigen, Unzeitgemäßen, Bleibenden zu mischen. Medeas Geschlechterfuror brandete durch die Straßen Manhattans, Hamlet richtete sich in postmodernen Unorten wie Flughafenlounges und Hotelfoyers ein, und im nächsten Moment konnte dieser glitzernde Spuk Richtung Schnürboden verschwunden und an seiner Stelle das verwunschene Interieur eines dunkelbraunen Wirtschaftswunderwohnzimmers aufgeschlagen sein.

Ein Jugendstück aus dem Jahr '67, dem in diesem Fall scheiternden und sogar tödlich endenden Aufbruch aus der idyllischen Tristesse einer ansonsten als forsch und protestbewußt bekannten Generation gewidmet, ließen sie dreißig Jahre nach dem Entstehungstermin von dreißig Jahre älter gewordenen Schauspielern aufführen, die dieser Generation angehörten. Die Sympathie, die der Schauspieldirektor für die Figuren und ihre durch den Zeitgraben ausgelöste Trauerarbeit aufbrachte, weckte den Zorn unter den Theaterberichterstattern dieser Generation.

Spätestens von diesem Moment an kletterten Einverständnis und Ablehnung ihrer Arbeit aneinander in schwindelnde Höhen empor. In den über ihre Taten informierenden Medien setzten sich schnell symmetrische Verhaltensmuster durch. Den jasagenden Dreißigjährigen widersprachen die neinsagenden Fünfzig- und Sechzigjährigen. Widerschrien. Verpackungskünstler habe er engagiert, deren einziges Interesse den Oberflächen gelte, ihrer Spannung und Veredlung; kein Inhalt, kein Ernst, keine Tiefe, kein Kern. Von Desastern war die Rede und skandalösem Pennälerhochmut gegenüber der geweihten Kunst, in einer Zeitung beklagte ausgerechnet jener prominente Kritiker, der sich einst in der Befragungskommission vor seiner Wahl skeptisch gezeigt hatte, man dürfe inzwischen wohl alles dürfen, und empfahl angesichts einer Uraufführung, man solle diese szenische Plörre in den Gully kippen.

Als sie ein Jahr später von einer Zeitschrift zum Theater des Jahres im deutschsprachigen Raum gewählt wurden, nahmen Jubel und Empörung lange kein Ende. Ein neues Schauspielteam war angetreten und in der ersten Runde an allen anderen in Deutschland, Österreich und der Schweiz vorbeigezogen. Ohne Erfahrung, beinahe ohne Vorbereitung, im Fieber einer permanenten Arbeitsüberforderung, mit kalkulierter Selbstüberschätzung und widerspruchsloser Rücksichtslosigkeit gegen Körper, Geist und alles soziale Gewebe außerhalb der Theatermauern. Sie hatten mehr Produktionen denn je gestemmt, neben den drei traditionellen Bühnen am Haus immer neue zusätzliche Spielorte in die Stadt getrieben. Sie reisten zu Gastspielen in die Fremde, die junge Theaterszene triumphierte mit ihnen. Alles wurde hip und wow, wenn es nur poppig und trashig war, und so leisteten sie unversehens dem Jugendlichkeitskult Vorschub. Als hätte man noch einmal die Losung ausgegeben, keinem über dreißig zu trauen, spürten sie überall junge und immer jüngere Talente auf.

Mit fünfunddreißig ist man entweder Star oder altes Eisen. Schauspiel- und Regiestudenten, die in hochschulgeschützten Studioaufführungen aufgefallen sind, werden von großen Bühnen aus der Republik umworben, bevor ihre Theaterkarriere noch begonnen hat. Regisseure geben ein oder zwei Proben ihrer Begabung an regional wahrgenommenen Theatern ab, dann kommen der Push an die Spitze und die Angebote aus der ersten Reihe.

Schauspielabsolventen dürfen in ersten Close Ups in TV-Vorabendserien auftreten und bekommen pro Drehtag soviel Geld wie ihre zehn Jahre älteren Kollegen von der Bühne in einem Monat. Kurzwellige Shootingstars schießen in den Himmel.

Die wenigsten hält es länger als eine Saison in der Höhe. Marktwerte fallen und steigen mit der Medienpräsenz, längst reichen die Fachblätter nicht mehr aus, um das Augenmerk der Öffentlichkeit auf Theatersternschnuppen zu lenken. Die Bilder der immer jünger werdenden Künstlerinnen und Künstler wandern durch Gesellschaftsmagazine und TV-Plauderrunden. Kaum ist ein neuer Scheinwerfer angeknipst, schon tummeln sich um ihn die Eintagsmücken. Die Theaterbroker in den Intendanzen richten sich nach den In- und Outkursen, die die Szene nimmt. Das Feuilleton entfaltet sich als Trampolin, auf dem die Erfolgskünstler auf- und niederspringen. Gut ist, was viel zitiert wird. Die Geduld mit der Talentreifung ist zu Ende, der Jungkünstler hat sich sofort zu beweisen, und morgen werden andere Jungkünstler kommen. Ursache und Wirkung verlieren ihren Zusammenhang. Es kommt vor, daß Regisseure schon gefeiert werden, ehe sie ihre nennenswerte Kunst überhaupt gezeigt haben. Andernorts kommen die Nachrichten über eine ungewöhnliche Begabung erst zu einem Zeitpunkt an, wenn die Begabung längst schon wieder in den Wogen der Gewöhnlichkeit untergegangen ist. Autoren erhalten Preise, bevor ihr erstes Buch erscheint. An nichts hat man sich mehr zu halten als an neue Namen, neue Namen. Die mit der Zeitung von gestern vergessen sein können, verzehrt und verdaut.

Um diesen akzelerierten Talentverschleiß gruppieren sich die Macher, die Strippenzieher und die Kritiker. Er stand auch dabei. Fraktionen bildeten sich, zwischen denen wieder Generationsgräben verliefen. Man richtete sich hinter seinen Ressentiments ein. Er hatte keine Wahl, als sich vor den Invektiven der Eisgrauen hinter den Ressentiments der Jungen zu verstecken, aber die taugten nicht viel. Besseren Schutz bot die Kunst, an der sich diese Generation mit Geschick und Übermut versuchte.

Endlich erfaßte die Sache auch die Zuschauer. Das Theater war angetreten, die Stadt zu erobern und insbesondere ein neues, junges Publikum. Das kam nun wirklich, mit Freitagtasche, Trottinett und Kopftuch, und nahm unter den Frackträgern samt Weibchen Platz. Vorn wurden Tschechow oder Goethe unter Zuhilfenahme von Videobeamern und Popmusik geboten, der Wiedererkennungseffekt stellte sich allein bei den Jungen ein und bezog sich auf das Video und den Sound und nicht auf Tschechow und Goethe. So hatten sie sich das gedacht: die Stiftung einer voraussetzungslosen Kunst. Die Leute kamen, und die Gravitation des Theaters setzte ein. Eine ganzheitliche Gravitation, die Anziehung und Abstoßung kannte. Die seit Jahrzehnten treuen Theaterbesucher spürten vor allem die Abstoßung. Die Leute kamen mit einer präzisen Zielerwartung ins Theater, viele hatten den Verdi oder Schiller schon in ihren verschiedensten biographischen Stadien gesehen, trugen schwere Wiedererkennungsbrillen, und meist hatte ihnen die allererste Version am besten gefallen, später setzten die Enttäuschungen ein.

Aus den Enttäuschungen wurden Empörungen. Wieso Blut auf der Bühne sein müsse, Gewalt, Nacktheit, Pornographie, die Schauspieler sprächen die heiligen Texte nicht mehr angemessen ergeben, das häßliche Bühnenbild, die laute Musik aus dem Lautsprecher. Eines Silvesterabends nahm ein britischer Regisseur Humperdincks

»Hänsel und Gretel«-Oper beim mythischen Wort. Während der Proben rollte der erste Protest durch den Graben, indem sich die Musiker niedergelassen hatten. Der Direktor empfing eine Abordnung des Orchesters in seinem Büro. Diese Regiekunst sei keine Kunst, sondern ein Unflat und weder unbescholtenen Theaterfreunden noch schutzbedürftigen Kinderseelen zumutbar. Ein Flötist hatte den Graben vor Übelkeit verlassen müssen, nachdem er dabei zugesehen hatte, wie ein Waldhäschen an der Imitation eines abgerissenen menschlichen Beins schnupperte.

Er fragte sich, aus welcher Perspektive der Flötist die Szene eigentlich gesehen haben mochte, da er unter der Bühne plaziert war, und empfahl der Orchesterabordnung, sie sollten sich das Ganze erst einmal im Zusammenhang ansehen. Die Brüder Grimm hätten in den Abgrund der Menschen- und Märchenseele geschaut, und Humperdincks Musik lasse das Grauen ahnen, das es in der Tiefe zu sehen gebe. Die Abordnung, die anfangs drohte, vor dem Theater gegen die Aufführung zu protestieren, verließ sein Büro mit dem Versprechen, geduldig zu sein und mit ihrem Urteil abzuwarten, bis die Aufführung in endgültiger Gestalt zu sehen sei.

Sie setzten den Nachwuchs der Sänger und Musiker während der Proben in den Zuschauerraum, und der verstand des Engländers lustigen, bösen Blick auf die Erwachsenenwelt sofort. Der Regisseur zeichnete die Eltern als asoziale Junkies und die Kinder als Geschöpfe der Mülltonne. Im ersten Akt schlachteten sie ihre Kunststoffpuppe und brieten sie in Mutters schmieriger Pfanne. Später drohten sie der kannibalischen Diät einer alten Frau zum Opfer zu fallen, deren Umgang mit den Kindern unzweideutig verriet, daß sie auch für Sexuelles empfänglich war. Der Nachttraum der Kinder im Märchenwald führte die Stützen der Gesellschaft – Priester, Offiziere, Richter, Politiker, Journalisten und ein paar halbdurchsichtige Spukgestalten – zum Abendmahl zusammen, bei dem ein Knabe in der Kasserolle serviert wurde.

Zur Premiere schnellten schon Zuschauerfäuste nach oben, als klar wurde, daß der Märchenwald wie eine riesige Mundhöhle ausgestattet war. Am Boden lagen monströse Backenzähne verstreut. Als Hänsel des Vaters Flinte probehalber an den Kopf des Schwesterchens hielt, erhoben sich die ersten Zwischenrufe. Im Bild nach dem Abendmahl – die Kinder wurden tags darauf von den Waldvögeln geweckt und krochen unter dem Tisch hervor – sang Gretel eine sehnsüchtige Weise in die Morgenluft. Dazu schwang sich das Skelett des Knaben vom Tisch in den Schnürboden auf. Nun waren die Leute nicht mehr zu halten. Pfiffe und Schreie zuckten durch diese und die folgenden Arien und Duette, Zuschauer schrien sich an. Man schien sich im Saal nicht einig zu sein, die Forderungen, sofort aufzuhören, wurden immer wieder erfolgreich von ermutigenden Rufen überdeckt weiterzumachen. Der Abstimmungskampf am Ende der Vorstellung blieb ohne Ergebnis. In den nächsten Tagen und zu den darauffolgenden Aufführungen wogte es weiter. Er erhielt Hunderte von Protestbriefen und Episteln frenetischer Begeisterung.

Nach einigen Vorstellungen lud das Theater zur Diskussion ein. Die Leute ließen sich im Foyer des Theaters nieder. Eine Frau trat bebend ans Mikrofon und gestand, nie zuvor so tief erschüttert worden zu sein. Darauf schrien ein paar Leute, solche Zumutungen und Frechheiten ließen sie sich nicht länger bieten. Nicht nur gehöre dem Regisseur das Inszenieren verboten, sondern

auch dem Direktor das Mandat entzogen. Kindergärtnerinnen plädierten mit Bruno Bettelheim für die Aufführ-
rung, in jedem Kind rührten sich gute und böse Triebe,
und das dürfe nicht geleugnet werden. Nach wenigen
Minuten sprangen die Argumente wie Stromstöße unter
den Leuten hin und her, und niemand wollte noch etwas
von denen hören, die für die Aufregung verantwortlich
waren. Einen Augenblick lang hatte der Direktor das Gefühl, so müßte es immer sein. Sie machten Theater, und
die Leute kriegen sich darüber in die Haare.

Wenige Wochen darauf zeigten sie »Hänsel und Gretel« in Nordfrankreich, im Theater von Lille. Jung und
Alt amüsierten sich ungehemmt. Hier drückte kein my-
thologisches Diktat. Zu Hause war das anders. In die
nächsten Vorstellungen kamen weniger und weniger Zuschauer. Es hatte sich herumgesprochen, die Aufführung
sei ein Skandal, und einem Skandal blieb man in dem
Städtchen am Oberrhein besser fern. Zugleich wurden
Abonnementskündigungen in nie dagewesener Fülle avi-
siert. Man legte ihm Briefe vor, deren Klagen über die
Verwahrlosung der Theaterkunst damit begannen, man
habe dieser Bühne seit Jahrzehnten die Treue gehalten
und erinnere sich noch genau an die wunderbaren Aufführungen, die dieses Haus einst seinem Publikum geboten habe. Inzwischen aber sei die Grenze des Zumutbaren
überschritten, das Maß voll, das Faß am Überlaufen,
man wolle sich nicht länger eitlen und arroganten Selbst-
darstellungsposen und Kunstverrohungen aussetzen, Regisseure hätten oft genug die Werktreue gebrochen, um
sich wichtig zu machen, Bühnenbildner entwürfen ein-
fallslose und häßliche Dekorationen, die nichts mit der
heroischen Zeit des Trojanischen Krieges zu tun hätten
oder nur dazu daseien, den Glanz der Wiener Opernbälle

zu verhöhnen, und die eigentlichen Leidtragenden, das seien die erbarmungswürdigen Sänger und Schauspieler auf der Bühne, die noch immer mit großem Zauber ihre Rollen und Partien darböten, obzwar sie in Stahlgerüste gesperrt würden, an Seilen über der Bühne hingen oder unter Bergen von Schuhen begraben seien. Empörungen schlugen ihm entgegen, über die Schließung des klassischen Balletts, vermeintlich unmotivierte Gewaltdarstellungen, abstoßende Werbung und Umplazierungen von Abonnenten, denn das Bühnenbild ragte in den Zuschauerraum und einige Plätze mußten gesperrt werden.

Die Auseinandersetzungen gingen weiter, Saison für Saison. In den ersten Jahren gab es wenig Einverständnis. Oft hatte er das Gefühl, auf verlorenem Posten zu sein. So war das mit der Eroberung eigentlich nicht gemeint gewesen. Der Kulturkampf, der gegen ihn und die Seinen tobte und den sie gegen den Rest der Welt vom Zaun gebrochen zu haben schienen, dieser Kulturkampf mochte schon etliche Vorgefechte unter seinen Vorgängern erfahren haben, jetzt gab es den Totalangriff. Er fand sich treuen und glühenden Kunstverteidigern gegenüber, die genau wußten, welches Reich sie zu verteidigen hatten: das Reich des Guten, Wahren und Schönen. Die Leute hatten sich daran gewöhnt, das Theater als Fluchtpunkt vor den Unbilden der Welt zu verstehen. Die Welt war böse, und die Kunst hatte rein zu sein und zu bleiben. Sie gehörte geschützt vor Banditen wie ihnen, die in die friedliche Lagune eingebrochen waren und die alten Altäre abräumten.

Was das Theater Innovation nannte, hießen die Verfechter des Wahren und Schönen Zerstörung. Sprachen die Bühnenkünstler von Vergegenwärtigung der Kunst, vom Wandern des Theaters am Limes der Zeit, von Interventionen in die Gesellschaft und der Offenlegung von Mißständen und Irrtümern, so galten sie als undankbare Beschmutzer des Tempels. Premiere für Premiere, Programm für Programm wurde der Kampf fortgesetzt. Das war der Preis der Veränderung. Der einen Seite ging es um die Verteidigung des Stillstands, der anderen um die Verwandlung der Szene. In Kunst, Politik und Medien, überall war der Mensch eine Legierung eingegangen mit Verhältnissen, die zu einer anderen Zeit förderlich für das Fort- und Auskommen der Gesellschaft gewesen sein mochten und nun alles Fortkommen behinderten; es würde weh tun, ihn daraus zu befreien. In der Regel verlangte der Mensch nicht nach Befreiung, sondern nach Ruhe und Halt.

Er hatte sich seine Feinde nicht ausgesucht. Die Rollen waren längst verteilt gewesen, und er bewunderte den Eifer, mit dem die Gegenseite ihre Stellung hielt. Ihm begegneten Eloquenz, Ehrfurcht vor den Schöpfungen der Kunst, eine heftige Identifikation mit der Ausdruckswelt und die tiefe Überzeugung von der erhebenden Kraft der Kunst. Leicht wäre ihm die Geste der Verachtung diesen Leuten gegenüber gefallen, die ihm den Kampf angesagt hatten und die Gefolgschaft ins nächste Programm verweigerten, hätte nicht um ihre Worte und Gesten eine verzweifelte Liebe zur untergehenden Welt des Repräsentationstheaters hervorgeblitzt, eine Sehnsucht nach Reinheit und Güte und Hilfreichtum und Adel, nach einem radikalen, elitären Komplement zu der Welt, wie sie war und ist, eine Liebe und Sehnsucht, die er kannte und teilte, die er aber einem anderen Wesen schenkte, dem Wesen der Verwandlung.

So tobte der Kampf, wo in anderer Zeit vielleicht Eintracht möglich gewesen wäre. Die Dinge waren in der

Kunst ebenso unübersichtlich geworden wie in der Erwerbs- und Verbrauchswelt, und wo die Übersicht verlorengeht, bleibt man rasch allein.

Auf seiner, auf ihrer Seite der Kampfzone versammelten sich nicht die erhofften Scharen und Fürsprecher. Sie hatten angekündigt, Theater für die Jugend zu machen, Junge für Junge. Hatten das Bildrepertoire gewechselt, hatten sich auf die zerkratzten Oberflächen des Pop begeben, im Zeichen der Comicmythen nach Komplizen gefahndet, das Pathos eines mit sich selbst gnadenlos einverstandenen, skrupellosen Hochkunstwesens zurückgedrängt, die rührende, perfekte Illusion des realistischen Theaters aufgehoben.

Die Blüte ihres Repertoires trieb unentwegt neue, glitzernde Flächen hervor. Plünderungen in den Revieren der Massenkultur setzten ein, das heiße, labyrinthische Breitwandformat von Hollywood und das Vakuum der Reality-Soaps verzauberten den Bühnenraum in einen ästhetischen Supermarkt.

Dennoch waren ihre Komplizen im Zuschauerraum nur schwer auszumachen. Schließlich gab es überall ästhetische Supermärkte. Dazu mußte man nicht ins Theater. Die Jüngeren würden nie den Eifer, die Liebe und Sehnsucht entwickeln, mit der die Alten ihre Kunsthaltung verteidigten. Drei Halbwüchsige auf der Straße: Am Tag zuvor hatten sie den »Sommernachtstraum« gesehen. Zettel habe seinen schönen Monolog einfach so hingesagt, kein richtiger Stil, und vorher habe ihm der Puck einen blutenden Eselskopf übergestülpt. Und so was im Stadttheater! Dann drehten sich die drei Jungs um und kauften sich Billetts für den aktuellen Splatter-Movie.

Für diese Jungs ist die Welt eine Party mit großen und kleinen Starauftritten. Theater gehört zu den kleinen. Ihre

Generation bedient sich nach Laune und Geschmack. Sie flanieren durch die Kulturlandschaft, nippen ein bißchen am Techno-Konzert, reihen sich in die Love-Parade, nachmittags TV und mit dem Lehrer zu Shakespeare. Wenn es gut geht, kommen sie irgendwann auch mal allein vorbei. Ist Theater hip, kommen sie wieder, wenn nicht, dann nicht.

Die Ausstellung der Protagonisten in Schaufenstern. Die Ausstellung der Bühnenlieblinge. Auch von ihnen mußte jene Verführung ausgehen, mit der sich die Leute über die Schwelle ins Theater ziehen ließen. Sie waren die merkurischen Boten, die unfreiwillig zwischen den Fronten hin- und herpendelten. Der Schauspieler genoß auch weiterhin ungeteilte Achtung. Ihm gehörten Triumph und Niederlage, Abend für Abend. In seinem Angesicht spiegelten sich Hybris und Elend der Kunst des Augenblicks. Er trug seine Haut jeden Tag in den magischen Raum der Verwandlung.

In der Gestalt des Schauspielers treffen sich die Begierden und Projektionen der Kontrahenten. In seiner Person gründen die Hoffnungen und Zweifel des Regisseurs und des Zuschauers, wuchern, wachsen über ihn hinaus. So ist der Schauspieler Kulminationspunkt einer antagonistischen Begegnung. Wie ein lebendes Schutzschild gegensätzlicher Projektionen geht er durch den unübersichtlichen, gefährdeten Raum, die Idee von der Verwandlung gegen die Intervention durch den Status und die Tradition zu bewahren.

Bindungen braucht das Theater, soll es nicht leersterben. Soll es nicht dem konservativen Ja zur Konvention anheimfallen. Denn durch alle Liebe und Sehnsucht auf der anderen Seite hindurch sieht man den rückwärtsgewandten Glauben an die Unveränderlichkeit der Werte und die moralische Erstarrung. Diese superben Cartier-Chanel-Prada-Aufzüge, die Trauerdefilees in Gucci und Gigli, die diamantbesetzten Pas de trois steinalter Witwen und neureicher Dentistengattinnen, die affirmativen Foyerbesetzungen im Geiste des Ancien Régime, als Mozart noch jung und unverdorben war und sich die Perspektiven der Kunst zielgenau am distinguierten Bildungsbürger orientierten.

Nicht nur die Perspektiven sind mit der Zeit verbogen, sondern auch der Bildungsbürger selbst. Sein aktueller Vertreter ist mehr auf Golfplätzen und Finanzmärkten zu Hause. Der Hinweis auf zwei unfruchtbare Jahre Klavierunterricht im väterlichen Haus wird von einem selbstironischen Glucksen begleitet. Damit ist dann aber die Selbstironie auch erschöpft. Der moderne Bildungsbürger sieht das Theater eher als kulinarische Vergnügung. Hin und wieder ein flambiertes Opernmenü, barocke Küche, weshalb die Diät nur mäßigen Kunstgenuß vorschreibt.

In der Nachbarschaft hatte sich das Opernhaus zu einem unerhört kulinarischen Tempel herausgemacht. Siebzehn Opernproduktionen im Jahr, feinster Sound ohne Störungen durch die Regie, Weltstimmen, Weltniveau der Reproduktion, Weltniveau des Wiederkäuens. Das Ganze kam pro Saison auf hundert Millionen Franken Umsatz. Sein Kollege hatte schnell herausgefunden, daß zum Weltniveau Weltkonzerne gehören, wo viel Geld ist, geht auch viel Geld hin, und so wurde der Tempel des veredelten Tönens mit immer neuen Millionen bedacht, für neue und immer neue Weltstimmen und -stimmungen, und zum Dank hingen im Foyer die Klingelschilder der Spender. Jemand kam auf den Gedanken, diese Art der Kunst- und Geldverdauung als Konzept zu bezeichnen, und da es dem raffinierten Kollegen gelungen war, den Eindruck zu erwecken, sein Tischlein-deck-dich sei gleichzeitig ein Goldesel, dessen Ausscheidungen die öffentliche Hand entlasteten und das golfspielende Publikum entzückten, wurde das Konzept rasch zur Nachahmung empfohlen.

Spröde Entgegnungen, die an die Freiheit der Kunst und das Theater als moralische und ästhetische Erneuerungsanstalt erinnerten, wurden vor allem vom golfspielenden Bildungsbürgerkind nicht angenommen. Und auch die Politik spielte inzwischen Golf und überhörte lieber solche altmodischen Zwischenrufe. In der Stadt am Oberrhein hätte man ebenfalls gern einen Tempel wie in der Nachbarschaft gehabt und keine hochgemute Störmaschine. Aber sie beugten sich nicht und hüteten weiter den Glauben an die kinetische Kraft des Theaters. Man schlug ihm vor, ein paar Millionen zu sammeln, wenn er dafür das klassische Ballett in sein Theater zurückbrächte. Er lehnte ab, denn die Kompanie des Tanztheaters, deren Programm auf das des klassischen Balletts gefolgt war, hatte sich in den Studios und Garderoben eingerichtet. Die Tänzer waren aus Nicaragua, Australien und Wuppertal nach Basel gekommen, und die Kompanie sollte ihr Programm noch eine Weile an seinem Theater fortsetzen können. Er hatte nicht vor, die Eroberung der Stadt abzubrechen, auf Blitzschläge zu verzichten und in die idyllischen Auen der guten alten Zeit zurückzukehren.

Die Reisen, die er inzwischen unternahm, führten ihn Station für Station weiter herum im Paradies. In seine Mitte jenseits des Atlantiks, an seine Ränder. Er wohnte der Eröffnung der Opernsaison in der Hauptstadt der

Vereinigten Staaten bei. Es wurde »I Pagliacci« gegeben. Der Welttenor, in Personalunion auch Operndirektor, hatte sich in der Rolle eines liebesblinden, eifersüchtigen Clowns von einem italienischen Weltregisseur arrangieren lassen, die Sache dauerte knapp eine Stunde und kostete sechshundert Dollar. Wem das nicht reichte, der konnte sich für weitere tausend Dollar den Abend am Partytisch mit dem Tenor und dem Regisseur verlängern. Seine Anwesenheit gründete auf dem Interesse des Tenors und Operndirektors für eine Produktion des Theaters am Oberrhein. Bei seinem ersten Besuch in Washington ein Jahr zuvor hatte sich der Tenor sehr interessiert nach ihrem Repertoire erkundigt und versprochen, sich ihren Giulio Cesare anzuschauen. Der Tenor war zwar nicht gekommen, dafür aber die Nachricht, man wolle ihnen die Produktion abkaufen.

Heute war der Tenor ungnädig. Er könne ihm im Moment zur Sache nichts sagen, sein Adlatus stehe erst morgen zur Verfügung. Der Adlatus enthüllte ihm anderntags, aus dem Ankauf des Giulio Cesare könne nichts werden. Der Mann preßte immer wieder die Lippen aufeinander, bevor er seine Offenbarung fortsetzte. Der Tenor habe keine Zeit gefunden, zu ihnen zu kommen und sich die Produktion anzusehen. Also habe er sich die »Reviews« der Premiere über das Internet besorgt. Sie hätten ein Krokodil auftreten lassen. Der Adlatus lachte verzweifelt. Das sei in Washington unmöglich. Oper sei eine ernste Angelegenheit, für die das Publikum teuer bezahle. Es gebe keine Subventionen für die Kunst wie in Europa, und die Geldgeber, denen das Opernhaus alles zu verdanken habe, wachten voller Respekt vor der Kunst darüber, daß die aufgeführten Werke von vorwitzigen Eingriffen verschont blieben.

Bei derart respektvollem Umgang mit der Kunst konnte er nur verständnisvoll mit dem Kopf nicken. Wie um ihm die Rechtschaffenheit dieses Umgangs zu beweisen, klärte ihn der Adlatus jetzt noch darüber auf, daß zum Beispiel bei der Konkurrenz an der Metropolitan Opera beschäftigte Regisseure und Bühnenbildner einem Kunstbeirat von Förderern ihr Interpretationskonzept für das Opus vorzustellen hätten, zu dessen Aufführung sie engagiert seien. Falle das Konzept dort durch, müßten die Künstler aufs neue ans Werk gehen. An der Met wirkten inzwischen auch bedeutende Künstler Deutschlands, die sich zu Hause jede Einrede in ihre Gestaltung verbeten hatten. Mit dem Wechsel über den Atlantik ins Land der unbegrenzten Möglichkeiten hatte die Freiheit der Kunst eine andere Bedeutung gewonnen.

Szenenwechsel: Er saß in einem Theater in einem Land am Rand des Paradieses, das über einem Friedhof errichtet war. Im monumentalen Foyer, von dessen durchsäuerten Wänden Fresken über den heroischen Widerstand gegen die Okkupation des Hitlerfaschismus herabbröckelten, waren kunststoffglänzende Transparente einer deutschen Brauerei aufgehängt. Das Stück auf der Bühne spann das Elend fort, das draußen in der Stadt herrschte.

Die Stadt war St. Petersburg, und wie immer um diese Zeit war es in der Stadt sehr kalt. Die Menschen auf der Bühne hatten sich wenig zu sagen und starrten ins Dunkel des Zuschauerraums. Die Menschen dort starrten und schwiegen zurück.

In die Stille wob sich das zaghafte Greinen von Katzen, die auf der Unterbühne Zuflucht vor dem Winter gefunden hatten. Er erspähte ein paar von den Tieren in den Seitengassen. Sie kratzten sich wild und unaufhörlich das Fell. Niemand nahm Anstoß an ihrem Auftritt. Er erfuhr, daß die Künstler seit etlichen Monaten kein Geld mehr für ihre Arbeit bekommen hatten und sich mit Hilfsverrichtungen durchschlugen. Auch sie schienen im Theater Zuflucht vor dem Winter gefunden zu haben. Die Werke, die aufgeführt wurden, mußten nicht vor kecken Eingriffen in Schutz genommen werden. Niemand wäre aufgestanden, die Reinheit der Kunst zu verteidigen. Sie war Zuflucht vor dem Elend der Stadt.

Er lief durch diese Stadt, über Pflaster, aus dem im Frühjahr Hirtentäschel und Breitwegerich hervortraten, durch die Gorochowaja mit ihren schmierigen Bierbars, durch Raskolnikows Quartier, vorbei an Schaufenstern mit Versace-Editionen, vorbei an den Prostituierten vor der Isaak-Kathedrale, entlang der Kanäle, über Brücken, beugte sich über schmiedeeiserne Gitter zum Wasser, über dem sich im Nebel die fallenden Fassaden auflösten. Sah das Elend. Ahnte, es wog stärker als alle Diskussionen um Eingriffe und Interventionen.

Er war fremd in diesem Elend, obwohl er in dieser Stadt und dem Land, zu dem die Stadt gehörte, einst gelebt hatte. Heute war sie ein fremder Ort, ohne Schleier der Heimat, der Zugehörigkeit. Ohne sentimentale Spannung. Der alte Diener aus Tschechows »Kirschgarten« sieht am Ende sein Leben vorüberziehen, als wäre es nicht gelebt. So ging es ihm, in dieser Stunde, in dieser Stadt. Das Leben, das er in diesem Land gelebt hatte, zog wie ungelebt an ihm vorüber. Wie das Leben eines anderen. Er sah nicht mehr in sich hinein, die abgelegten Bilder wiederzufinden, hörte nicht in sich hinein, die verstorbenen Stimmen zu hören, er sah und hörte aus sich heraus in die fremde Stadt.

Nach zwei Spielzeiten schien auf der anderen Seite der Kulturkampf aufgegeben. Man hatte ihn nicht zur Umkehr bewegt, zur Wiederauflage der vertrauten Bilder und Erzählungen. Um aber dennoch nicht als Verlierer dazustehen, war man desertiert. In die Stadt mit dem edlen Operntempel. Die Nachricht von dieser Desertation verbreitete sich, und die, die nicht das Geld und die Zeit hatten, in die Nachbarstadt zu fahren, die aber auch auf der anderen Seite gestanden hatten, die blieben von nun an einfach zu Hause, und so lichtete sich in der nächsten Saison so manche Zuschauerzeile.

Die neue Deutung des Theaters drohte, ihre Adressaten zu verfehlen. Wer war das Publikum? Die alten Kämpfer waren versprengt oder saßen skeptisch oder zähneknirschend in den ersten Reihen im Parkett. Der Mensch in den besten Jahren stand auf der Drehscheibe der Erwerbs- und Konsumwelt und rief nach mehr Entspannung und Unterhaltung, wenn er sich überhaupt interessierte, und auch die Jüngsten kannten vorläufig nur Ablenkung, ganz gleich, wo sie sich ins Polster drückten.

Wer war das Publikum? Da war zwischen den Leuten etwas aufgerissen, das tiefer war als ein Orchestergraben und sich nicht ohne weiteres wieder schließen ließ. Die Drehscheibe rotierte, man stolperte durcheinander. Wie neu binden, was sich da aufzulösen schien?

Er hatte sich eigentlich längst daran gewöhnt, daß man diese Welt nur en passent erleben konnte. Alle schienen sich immer von den Dingen und ihrem jeweiligen Gegenüber abzuwenden, sobald es der Augenblick zuließ. Er sah, wie im Grunde jeder vor jedem floh, sich tarnte, abkehrte, wenn er erst einmal aus der Pflicht entlassen war, sich aus triftigen, meist geschäftlichen Gründen auf einen Zeitgenossen einzulassen. Das Sich-Einlassen bestand darin, den anderen mit seiner Kompetenz und Professionalität zu bestechen, aber kaum ging der Termin zu Ende, sprang man ins Taxi und wandte sich ab. Er lebte in einer Passage, war einem Strom- und Gegenstromprinzip unterworfen, von Janusmasken umgeben, die immer sowohl kamen als auch gingen, lachten, schrien – alles zog an allem vorüber. Auf diese Weise war es möglich, sehr viele Leute zu treffen, ohne auch nur einen einzigen von ihnen kennenlernen zu müssen. »Eyes wide shut« – das entsprach dem Verhaltenskanon. In *blind dates* wurden *blind bounds* geknüpft, in der durcheinanderzuckenden Menge fügten sich Bewegungen zu Kollateralbegegnungen, für deren Folgen schon im vorhinein mit einem knappen »'tschuldigung« um Abbitte ersucht wurde.

In den Stunden der Ruhe, wenn er ungestört in sich hinein- und um sich herumlauschte, hörte er den Äther rauschen, das Knacken kalter Strahlungen, sah die Bilder auf dem Schirm aufgehen, hörte die verwirrten Stimmen durch labyrinthische Kanäle hasten und fühlte, wie lieblos dieses Land und seine Gesellschaft war. Er sah sich mit den anderen zielbewußt und einsam durch Fußgängerzonen eilen und in vermeintlicher Gemeinschaft allein an Kneipentischen hocken, seine Rede vermengte sich mit der der anderen. Schließlich war man einander geschäftlich verpflichtet, arbeitete zusammen an einem Projekt, kannte dieselben Leute und sah sich skeptisch deren Arbeiten an. Er sah sie Spielpläne machen, Pressekonferenzen abhalten, über Produktionsetats streiten, und je weiter das Business das Feld eroberte und den einzelnen immer tiefer in die Falten der Intimität zurückdrängte, desto weniger sah er von den anderen oder ließ sie in sich hineinblicken. Der Blick wurde kalt.

Auch er war im Begriff, sich zu verrenken, zugleich zu kommen und zu gehen, zu lachen und zu schreien. Der

Mensch zieht sich zurück, dachte er und zog mit. In die Tiefe des privaten Raumes. An der Oberfläche, der aufgerauhten, bewegten Grenzfläche zwischen Öffentlichem und Privatem, fand die geschäftliche Kommunikation statt, aber der private Raum schien endlos und dehnte sich immer weiter aus, wobei auch das Private, Nicht-Öffentliche längst durchkommerzialisiert war: Wo er hinkam, Werbeangebote, Fitneßzellen, Club-Vergünstigungen, der Müll der scheinintimen, scheinindividuellen Existenz, Reste eines zukünftigen Lebens. Wo er hinkam, war vor ihm in diesem endlos sich ausdehnenden privaten Raum schon ein Agent des Konsums und begrüßte ihn mit seinen eigenen Lust- und Unlustprojektionen.

Ein Schritt ins Dunkel, und schon öffneten sich nach allen Seiten Türen, hinter denen Korridore abzweigten, in denen weitere Türen aufsprangen. Ein Blick nach rechts, und ein Licht blitzte auf, einer nach links, und eine Brücke fiel über den Graben, der erst jetzt sichtbar wurde, nachdem sich die Brücke gesenkt hatte. Möglichkeiten über Möglichkeiten. Die Soziologie entdeckte die Multioptionsgesellschaft. Alles schlug sich auf, weitete sich, wobei ungewiß war, ob es nur eine Show war oder ob es in diesem Spiel um alles oder nichts ging. Sämtliche Signale zeigten auf dieses Ich, das sich unter den Bedrängungen mehr und mehr zu ducken und zu winden begann. Dann kniete es nieder.

Die Angebote wurden immer herausfordernder, und aus dem Äther rief es: »Genieße, genieße, genieße!«

Je weiter die Leute in den dunklen Raum der ungekannten Bedürfnisse gerieten, um so größer ihre Angst, sich im tiefen Wald aus den Augen zu verlieren. Endlich begriff er die Funktion der Popkultur. Ihre heiße Luft half den Kältestrom zu kompensieren, die künstlichen Kristallpanzer abzuschmelzen, Lieblosigkeit erträglich zu machen. Sie lockte mit unzähligen Angeboten der Zuwendung und Orientierung, rief auf, sich wieder bei der Hand zu nehmen, um miteinander durch den tiefen Wald zu kommen, wurde zum Halt für die in die Weite der Intimität versprengten Kinder.

We are the world, we are the children. Sie paradierten unter dem elektromagnetischen Diktat ihrer Techno-Gurus in schwingenden Scharen, streiften ihre bürgerliche Identität ab und wurden eins mit dem friedlichen Massenrumpf, durften noch einmal tanzen wie Kinder am Strand, ehe sie am Ende der Nacht die Monturen wieder anlegten.

So, wie sie hinauskatapultiert wurden ins Dunkle, kamen sie auch wieder zurück. Doch sie brachten Andenken mit von ihrer Reise: ihren unkontrollierten Egozentrismus, ihre hedonistische Weltsicht, ihre Verwertungsneurose, ihr entfesseltes Ich. Dieses Ich war zu einer Kapsel gepreßt und mit einem fremden Sprengstoff gefüllt. Aus Subjekten waren »Subjektile« (Peter Gross) geworden, Ich-Geschosse, die von den Heckenschützen der Medienbranche Richtung Zentrum abgeschossen wurden. Ungekannte öffentliche Enthemmungen folgten, die Gesellschaft begann zu pulsieren zwischen Abwendung und Zuwendung, zwischen Flucht und Sturm.

Die Stellung vor dem Fernsehapparat schien ideal, um beiden Tendenzen gleichzeitig folgen zu können. Über das Fernsehen wurde der klassische Widerspruch von Privatheit und Öffentlichkeit, Diskretion und Indiskretion, Verbergen und Preisgeben aufgehoben. Fürs Entertainment tätige Jäger und Sammler suchten eifrig nach dem Gesicht in der Menge, das sich in nichts von der Menge unterschied, und den Meinungen, die keinen Deut von der allgemeinen Meinung abwichen, sie jagten dem Durchschnittsmenschen hinterher und suchten nach dem kleinsten gemeinsamen Nenner im Heuhaufen des modernen Meinungs- und Stimmungsparadieses: Identität durch das Identische als Wegzehrung in die Vereinzelung, Zufriedenheit durch die Wiedererkennung.

Nicht hinaufschauen zu den Helden der alten, überkommenen Wirklichkeit, sondern herab auf die kleinen Zeitgenossen und Mitbürger, die beim selben Pizzadienst bestellen, nicht mehr wählen gehen und auch die jüngste Tochter schon mal rannehmen. »Reality« ist das aktuelle Idiom, obwohl das ganze Erlösungsprogramm mit Realität nichts zu tun hat, sondern eine Steigerungsform der Virtualität ist, eine neue Mimesis des ichgeplagten Menschen, mit der er sich vor den Einschlägen der Wirklichkeit in Sicherheit zu bringen sucht.

Die Gewöhnlichkeit wurde hinter Glas gerückt und in den Stand der Prominenz erhoben. Da Trivialität allein keine Spannung erzeugt, entwickelte »Reality« eine raffinierte Dramaturgie der Indiskretion. Eine unerhörte Schamlosigkeit etablierte sich. Der Stoff: das Banale. Der Begriff vom »Theater der Realzeit« formte sich und mit ihm die Hybris, nicht Welt zu bedeuten, sondern zu sein. Es ging nicht mehr um Signifikanz, sondern um Trivialität. Das Intime, einmal öffentlich geworden, ist banal. Rasch dominierte die Banalität. Die Durchsetzungskraft dieses Trends war nur damit zu begründen, daß die Sehnsucht nach einer kollektiven Entfesselung aus der Ich-Fessel unerträglich geworden war. Denn hinter all der verrenkten und verqualmten Exzentrik verbarg sich verzweifelt die Hoffnung auf ein bißchen Frieden und Glück. Eskapismus und Exhibitionismus gingen ineinander über.

Jemand stellt sich in die Mitte und kramt in seinen einfältigen, privaten Schweinereien, man guckt ihm zu, wie er seine soziale Notdurft verrichtet, und drumherum sitzen die anderen und amüsieren sich, vor allem über sich selbst, die sie sich in dem Kerl in der Mitte wiedererkennen. Oder sie ekeln sich, weil sie sich nicht erkennen. So hat jeder einen Gewinn.

Das »Reality«-Konzept machte eine beispiellose Karriere. In Ost und West. Das deutsche Wohnzimmer im Container und auf den Marktplatz gestellt, so sah die unwiderstehliche Show im Paradies aus. Die Bewohner des Containers befanden sich auf einer Expedition. Wie bei »Stalker« wurde erst im Laufe der Zeit klar, als sich die Dinge zuzuspitzen begannen, daß jeder der Teilnehmer andere Ziele verfolgte. Einige wollten ins ewige Eis des Starkults, andere ein bißchen Liebe, wieder andere suchten soziales Asyl in einer beneideten Gesellschaftsschicht, im Container unterwegs in eine bessere Welt wie ein Flüchtling aus Vietnam. Als alles vorüber war, sah man den Siegern die Strapazen an. Jetzt würden sie keine Herausforderung mehr zu fürchten haben. Sie hatten mit dem struppigen, rattenschwänzigen Engel der Banalität gerungen, hatten unter Aufsicht der Massen ihre soziale Notdurft verrichtet und waren aus dem Koordinatensystem der Zeitrechnung hinausgesegelt. In die sekundäre Geborgenheit des Virtuellen. So ist »Reality« zum ersehnten Freiheitsentzug geworden und bietet eine wuchernde, endlose Menschen-Ausstellung.

Die Stunde ist nah, da jeder jedem überall zuschauen kann. Das ist der Gewinn der Mehr-Wege-Kommunikation. Die Mitte des öffentlichen und die Tiefe des privaten Raumes werden gleichmäßig mit Kameras und Bildschirmen ausgestattet. Alle wenden sich allen zu, eine neue

Liebe wird gestiftet, die Liebe zur eigenen Web-Kamera und ihren Bildern.

So fliegt alles unaufhörlich auseinander und stürzt ebenso unaufhörlich ins Zentrum zurück, was eben noch vereint war, ist schon aufgespalten, um gleich wieder integriert, zusammengeklebt und fusioniert zu werden, ein einziges Splittern und Sich-Fügen, Aus und Ein, Hin und Zurück. Das Ich unterwirft sich dem Diktat von Differenzierung und Anpassung. Werde anders, damit du wirst, der du bist!

Überall entstehen neue Berufsberatungs- und Weiterbildungszentren, aus dem Ich ein gebildetes Ich und aus dem gebildeten ein umgebildetes Ich zu machen, man lernt, um zu vergessen und wieder neu zu lernen, auch hier ein engagiertes Hin und Zurück, von Bildungsgütern, Gesetzmäßigkeiten, Lehrformeln, Anwendungsbereichen. So wird das Ich trainiert für die ständig wechselnden Ansagen der Konjunktur.

Es wirbt mit sich als dem Kernprodukt einer ganzen Kette von Optionen und Dimensionen. So entwickelt jeder sein eigenes Anlagevermögen und nomadisiert mit seinem Portfolio durch den pulsierenden Raum. Der Mensch ist ein Warenregal.

Ihm fällt auf, daß die Älteren in seiner Umgebung sich in zunehmendem Maße dieser Dynamik zu verweigern suchen, während zugleich unter den Jungen die ersten Anzeichen dafür festzustellen sind, daß sie das Tempo von Entfesselung und Integration nicht durchhalten.

Schon das Kleinstkind wird daran gewöhnt, daß das Leben kein Urlaub ist, sondern hartes Vergnügen. Über der Mutterbrust winken die Teletubbies, später gesellen sich Mickey-Mäuse aller Art dazu. Wachstum und Charakterbildung sind ein optimiertes Animationsprogramm, die Kindheit eine Playstation, das Kinderzimmer Kaderschmiede für die Animateure von morgen, vielleicht schon von heute abend. Denn man muß nicht erwachsen werden, um ins Show- oder Informatikgeschäft einzusteigen. Die Säge geht hin und her im Fleisch des Konsumenten, vor allem im Fleisch der Konsumentenjunioren. Schon im Kinderzimmer wächst die Einsamkeit des vielbeschäftigten Schützlings heran. Das ist vielleicht die tiefste Erfahrung, die die Kindheit zu bieten hat: Richte dich ein auf ein Leben, in dem dir ständig etwas geboten wird, nur eines nicht: Zuwendung. Stelle dich darauf ein, allein zu bleiben, und alles wird gut. Genieße dich selbst.

Nicht zufällig ist die Bulimie ihre Gesellschaftskrankheit. Tief dringt das Prinzip von Ausscheidung und Aufnahme, Hin und Zurück in die Gesetze des Körpers ein. Mikrophone und Kameras sorgen für die Fütterung, Kanäle für die prompte Entleerung. Die Ausschläge nach beiden Seiten werden immer größer, der Körper immer kleiner. Als treibe er auf ein schwarzes Loch zu, um sich darin aufzulösen. Das Ich, endgültig von den Defekten und Affekten seines Körpers befreit, schwebt schwerelos durch den pulsierenden Raum. Der Typus des asketischen Menschen repräsentiert das Schönheitsideal. Der Mensch wird immer schlanker, größer, immer raketenförmiger. Das Subjektil schöpft seine Gestalt.

Schon die Kinderstube wird mit den raffiniertesten Möglichkeiten des entfesselten Ich terrorisiert. Auch das Kind ist ein Warenregal. Es darf für Mobiltelefone werben, Plüschtiere in TV-Shows doubeln, Popstars seine Stimme und Softwareherstellern seine Erfindungsgabe leihen. Und es darf all das kaufen, beziehungsweise sich kaufen lassen, was es für sich produziert. Diese Produktivität macht einsam, und so steht es schon mit zwölf oder vierzehn Jahren inmitten all der sich ausdehnenden Korridore mit den flügelschlagenden Türen und muß sich pausenlos unterscheiden und entscheiden.

Die Flucht auf die Toilette scheint Rettung zu bieten vor diesem Ansturm. Das Klo als letzte Zuflucht. Hier, hinter der verriegelten Tür, gibt es ein einziges Maß, das der Entleerung. Der infantile Körper, vollgestopft mit den Produktionen und Optionen der Warenwelt, befreit sich über dem Porzellanbecken.

Drei Jahre nach dem Ende der alten Ordnung war in Berlin, dem neuen Zentrum der Republik, das größte Schauspielhaus dieser Republik geschlossen worden. Die Schließung markierte das Ende der Solidarität. Die Machthaber verhielten sich ungeschickt und ließen ihre administrativen Adjutanten das Geschäft nicht gerade raffiniert erledigen. Furchterregende Nachrichten über prächtige Künstlersaläre und entartete Arbeitsverhältnisse gingen um. Monumentalen Schauspielerprominenzen wurde der Stuhl vor die Tür gestellt. Stoff für Zeitungskrawalle gewirkt. Ein paar Wochen lang rückte die gesamtdeutsche Szene in Betroffenheit Richtung Hauptstadt vor. Transparente wurden auf- und zugerollt, Leitartikel geschrieben, Protestnoten verlesen, Vorstellungen zu Andachten unterbrochen und Gastspiele in der neuen Hauptstadt abgesagt.

Aber der hektische, frenetische Lärm der Szene verbreitete sich nur träge in die Gesellschaft. Warum auch sollten gerade die Theater von den allgemeinen Erschütterungen verschont bleiben? Gut organisierte Demonstrationen fanden unter verschwindend geringer Beteiligung der Öffentlichkeit statt, der Protest strömte ins Leere, und irgendwann war das größte Schauspielhaus Deutschlands das größte leerstehende Theater Deutschlands. Noch ein bißchen später hatten die Machthaber eine brillante Idee: Über Jahre hatten sie Geld in den Betrieb gesteckt, warum sollte es nicht auch möglich sein, Geld aus ihm herauszuholen? Man gab das größte leerstehende Theater Deutschlands in die Hände eines Musical-Impresarios, denn die Plastikform des Musicals sei eine tüchtige und propere Kunstform, die keine Alimente brauche, sondern am Ende noch Gewinne abwerfen werde.

Dort, wo eben noch die besten Schauspieler Hamlet und Prospero gegeben hatten, spielte Shakespeare nun Rock'n'Roll. Und die Massen kamen und die Regenbogenstars auch, sie sahen sich ein bißchen verwundert im altmodischen, kargen Zuschauerraum um, dessen zurückhaltende Ausstattung partout nicht an die Glitzerzelte Londons oder Manhattans erinnerte, aber die Massen kamen und gingen dennoch, bis die Maschine leergelaufen war und gegen eine neue ersetzt wurde.

Das größte Schauspielhaus und seine Künstler waren schnell vergessen. Die allgemeine Indolenz erinnerte an soziale Extremsituationen, in denen Leute, die gestern noch für mildtätige Zwecke Geld gesammelt haben, heute achtlos an am Straßenrand Hinsinkenden vorbeieilen. Man hörte das Beben, spürte die Erschütterungen, sah Rauch aufsteigen und dachte einen Augenblick darüber nach, ob es einen selbst treffen konnte oder nicht. War die Antwort nein, ließ man die Erschütterungen unbewegt vorübergehen.

Das Theater schien totgesagt. Einst hatte das Land damit renommiert, die prächtigste Landschaft von Bühnen

172

und Orchestern zu haben, die man sich auf Erden denken konnte. In den Jahren des Kalten Krieges war diese Landschaft als Manövergelände genutzt worden. Die Kriegsführung mit den Mitteln der Kunst ließ die Kulturrüstungsindustrie auf beiden Seiten der Front prosperieren. Auch diesen Wettlauf verlor der Osten. Im Manöver standen sich schrottreife Rostlauben hüben und flotte Theatermaschinen drüben gegenüber. Manches in den siebziger und achtziger Jahren im Westen neu erstandene Haus ließ an eine Festung oder einen Bunker erinnern. Jetzt wurde dieses ideologische Kriegsgerät nicht mehr benötigt, nie wieder würden die Gewißheiten des Kalten Krieges zurückkehren.

Die Lagune am Oberrhein jedoch hielt Versprechungen, die sie gar nicht gemacht hatte und auf die er nichts gegeben hätte. Versprechungen von Bürgerpflicht und -tugend. Von splendiden Opfergaben in den weit geöffneten Stock der Kunst. Er hatte anfangs nur die Kampfsignale gehört, die Zeichen der Sympathie waren erst einmal dahinter zurückgetreten.

Er hatte sein Amt noch nicht angetreten, als der Kollege aus dem benachbarten Opernhaus, dem schönsten Hörtempel der Schweiz, anläßlich eines Abendessens in der Stadt am Oberrhein, umgeben von einem respektablen Kreis wohlständiger Bürger, diese dazu aufrief, ihrer Spendenfreude einmal unangemeldet nachzugeben. Für zehntausend Franken sei ein Eintrittsbillett für einen Abend mit dem großen Tenor der Zeit im benachbarten Opernhaus zu haben. Das Geld solle ihrem Theater zugute kommen. Der Kollege bat und mahnte und ging von Tisch zu Tisch. Am Ende zählte er zweihundertzwanzigtausend Franken aus dem Hut. So hatte der Kollege, von

habsburgischem Adel und einst bei einer Schreibmaschi-
nenfirma für den Absatz zuständig, dem wohlständigen
Bürger von Basel und ihm demonstriert, wie man mit
Kunstverheißungen Geld machte.

Während die Lagune ihre Kunst zunächst noch eher
litt als liebte, riefen Festivals und andere Theater nach
ihnen. Bald waren sie in Amsterdam, Wien, Brüssel und
Barcelona eingeladen, die Tanzkompanie trat in Singapur,
Hongkong und Bangkok auf, in Prag geriet ein Schau-
spielauftritt des Theaters en passant zum Staatsempfang
der Präsidenten Deutschlands, Österreichs, Tschechiens
und der Schweiz. Venedig wurde begeisterter Gastgeber.
Da das dortige Opernhaus vor Jahren abgebrannt und
seitdem im Wiederaufbau befindlich war, führten sie ihre
Produktionen in einem riesigen Zelt auf der Isola Tron-
chetto auf. Nach Rom lud man sie zur Wiedereröffnung
des Teatro Argentino ein.

Ihre Künstler kamen aus den Metropolen Europas und
kehrten mit vermehrtem Ansehen wieder dorthin zurück.
Auch in der Theaterszene verstärkten sich die Vernetzun-
gen. Aufführungen, die an seinem Haus entstanden waren, wurden auf Jahre hinaus für Hamburg, Barcelona
oder Montpellier geplant. Fernsehanstalten verschiedener
Länder zeichneten ihre Produktionen auf, das Theater
wurde mit etlichen Würdigungen bedacht.

Endlich schwang auch in der Lagune die Stimmung
um, die Nachrichten von ihrem Triumph drangen ins
eigene Lager vor. Allmählich setzte sich der Eindruck
durch, es kann nicht nur schlecht und töricht sein, was
überall draußen reüssiert. Die Leute kamen zurück, skeptisch, aber sie kamen. Die Lage entspannte sich, die Sorge
um den Ausgang des Kampfes und die Zukunft wich.
Einem Theater, dem die Zuneigung des Publikums zuteil

wird und die Achtung durch die unberechenbare Szene, konnte so schnell kein Leid geschehen.

Dabei war er von Anfang an tatsächlich Herr zweier Häuser gewesen. Eines davon, die Schauspielbühne, hatte sich als alt und unbequem erwiesen, hatte sie auch einst bedeutende Kunst beherbergt und inzwischen legendäre Künstler. Das Haus war zur Schatulle von Erinnerungen jener Leute geworden, die im Kulturkampf auf der anderen Seite fochten. Immer noch hatte er Angriffe abzuwehren, offene Briefe von populären Bürgern der Stadt erreichten ihn, die sein baldiges Scheitern ankündigten, doch er blieb dabei: Die Schauspielbühne sei einer gegenwärtigen Theaterkunst nicht mehr zugänglich.

Nun erreichte ihn der Anruf einer Theaterfreundin, sie beabsichtige, unter wohlhabenden Damen Mittel zu sammeln, für ein neues Schauspielhaus. Bald hatten die Damen knapp zehn Millionen und schließlich dreizehn Millionen zusammen. Den Hauptteil trugen acht Spenderinnen, die anonym zu bleiben wünschten. Streng den bewährten Sitten der Lagune folgend.

Das Geld der anonymen Damen ließ allen Streit in den Verheißungen eines neuen Theaters untergehen. Die Regierung gab ihren Teil dazu, und die Vorbereitungen für den Bau konnten aufgenommen werden.

Mit dem Beifall aus der Welt war es unversehens und schnell und mit dem in der Lagune, insbesondere mit dem des wohlständigen Bürgers, war es sehr langsam gegangen.

Vielleicht war es diese Entspannung, die ihn dazu veranlaßte, zum ersten Mal seit seinem Scheiden zurück in den Osten Deutschlands zu fahren. Die Städte, die Landschaften, die vertraut fremden Orte, die Theater zu besuchen, nachzusehen, was gewesen war und wie es ging dort, wo die neue Wirklichkeit ausgebrochen war.

Sein Vorhaben war unvorsichtig. Vier Jahre waren zu kurz, um den distanzierten Blick des Fremden reifen zu lassen, und zu lang, um nicht doch alles verändert vorzufinden. In den makellos sanierten Innenstädten suchte er vergebens nach dem Dreck von gestern. Er wußte um die Gefahr, die es bedeutete, an das Vergangene zu rühren. In ihrem energischen Aufbruch in die Restauration ähnelten die Städte einander. Er ging über ihre neu gepflasterten Straßen, den Kopf im Nacken, überall blitzten die Fenster, die Firste, die Dächer, die Kräne. An einigen Stellen dösten noch alte, von der Zeit verätzte Gebäude wie obdachlos gewordene Kameraden.

Von einem eingerüsteten Kirchturm präsentierte sich eine großformatige Bikiniwerbung. Wahrscheinlich hatte der Bikinihersteller die Einrüstung bezahlt und auf dieser Präsenz bestanden. Litfaßsäulen waren von oben bis unten mit McDonalds-Plakaten beklebt. In den Fußgängerzonen wurde der Konsum nicht ungeschickter arrangiert als in den Kernländern im Westen. Aus den Schaufenstern raunte es ihm zu, alles werde gut. Er sah die Anstrengung der Leute, mit der sie diesem Gebot Glauben zu schenken schienen. Ihr Auftreten war noch immer deutlich von den Eruptionen der letzten zehn Jahre gezeichnet. Man würde noch viel flexibler, schneller und härter werden müssen, wollte man in Zukunft auf der Drehscheibe bestehen. Auf Wahlplakaten die politischen Eminenzen aus dem anderen Orbital Deutschlands.

Als er die Hinterbühne des Theaters betrat, bauten die Techniker gerade die Dekoration von »Zar und Zimmermann« auf. Alles sah aus wie einst. Auch die Arbeiter waren dieselben. Die Aufführung hatte in seiner zweiten

Saison Premiere gehabt, sechs Jahre zuvor. Er begegnete den unsteten Blicken der Männer. Sie redeten kaum ein Wort miteinander. Als er sich über den Orchestergraben beugte und kurz hinüber in den abgedunkelten Zuschauerraum sah, war es auf der Bühne hinter ihm zwischen den Dekorationsteilen totenstill. Im Büro des Technischen Direktors erfuhr er, daß viele von den Männern gerade ihre Kündigung erhalten hatten.

Er stand in diesem Zwischenreich, das seine Heimat gewesen war, sah die vertrauten Orte, die vertrauten Gesten und Bilder. In jedem Wort, das ihn erreichte, schwang Heiterkeit des Wiedersehens, war das Wort verklungen, blieb eine schalldichte Stille zwischen ihm und den anderen. Ihre Blicke glitten an ihm herab, musterten ihn durch die Stoffe auf seinem Körper, die Strähnen seines gelichteten Haares, und die Blicke sagten ihm, daß er nicht mehr dazugehörte und sie nicht mehr verstehen konnte. Er war draußen. In einem besseren Draußen. Was hätte er in die schalldichte Stille hinein entgegnen können?

Vielleicht konnte er nicht einmal mehr verstehen, was sie einst geteilt hatten. Das Leben hinter dem Zaun, den wohligen Stillstand, das faulige Glück, die Evakuierung ins Paradies.

In den wenigen Tagen, die er sich Zeit genommen hatte zurückzukehren, kramte er in Erinnerungen. Er hörte und sah in sich hinein und trachtete danach, die Töne und Bilder, die er dort fand, nach außen zu tragen. Doch fand er keinen Anschluß. Sie stimmten nicht mehr überein mit dem, was er um sich herum sah und hörte. Seine Erinnerungen schienen erblindet, sie gaben ihm nicht einmal die einst unwiderstehliche Trauer zurück, in der er seinen Zorn begraben hatte, den vor Hilf- und Ziellosigkeit in ihm hochschnellenden Zorn über seine Irrtümer und die Entzauberung des Paradieses.

Er vernahm die Klagen und Sorgen der anderen, und sie machten ihn sprachlos, denn er teilte sie nicht. Der sich am Vergangenen entzündenden Geselligkeit mißtraute er wie den makellosen Fassaden. Mißtrauen auch bei den alten Kollegen. In ihren Augen mußte er ein Verräter sein. An einer Sache, die nicht ausgemacht war, weder für ihn noch für sie. Aber dadurch wurde das Unbehagen nicht gemildert. Verräter. An den eigenen Leuten, der alten Heimat. Ihm selbst. Er war nicht mehr der, als der er sich sah.

VI.
Mattscheibe II

Und wieder saßen alle davor. Es war ein starkes, unwiderstehliches Bild. Mit großem Zauber. Es hatte keinen Anfang und kein Ende. Das Bild verhieß das Glück der Philosophen: Befreiung von der Tortur der Wirklichkeit. Manchmal sah er seinen müden Blick darin. Dann drückte er wie einst das Gesicht in die Schürze der Wirklichkeit, um ihr nicht in die Augen sehen zu müssen.

Ansichten aus dem Dasein von gestern und heute, sicher unter Glas gehalten. Überall aufgespannte Bilderbögen, Fackeln und Flaggen, Diener der Elektronenstrahlröhren, Herolde einer neuen Virtualität. Aber nicht nur das Paradies war dem Diktat des Bildes unterworfen, alles Wesen außerhalb des Paradieses wurde ebenso vors Objektiv gerückt. Nichts entging der Sichtbarmachung, auch die Aufnahmen aus dem Revier jenseits des Paradieses erzählten von ihm. Aufnahmen von einst und jetzt. Aus der Heimat Fliehende zwischen Stacheldrahtverhauen. Sinkende Atom-U-Boote, brennende Tropen. Wer die Aufnahmen eingehend studierte, stellte fest, die Bilder blickten zurück, und wer sich noch weiter vorwagte, entdeckte sich selbst auf dem konvexen Spiegel.

Nie würde er die Fühl-, Seh- und Sprechgrammatiken souverän beherrschen. Formte sein Mund Wörter aus dem Kanon des Paradieses, so wechselten sie ihre Bedeutung, kaum daß sie seine Lippen verlassen hatten. Deutete er seine Zeichen, so tauchten sie mit einem kurzen

Phosphoreszieren im Gespinst der Wellen und Netze unter. Mochte er heute seinen Tag überblicken und vor der Brandung die Arme verschränken, so konnte morgen alles schon anders sein oder vorbei. Mochte es ihm wohl ergehen, mochte ihn von den Bränden der Heimat ein breiter Fluß trennen, mochte er in die Polster der Neutralität einsinken, das alles hatte keinen Bestand. Das Bilderdickicht wucherte und riß alles in die Falten seiner Wucherungen, nichts und niemand blieb verschont.

Freiheit, Gleichheit, Brüderlichkeit und Wohlstand. Die Totalinszenierung des Reichtums. Wie gut kannte er sie inzwischen, und doch, wie wenig verstand er von ihr! Die Bilderbögen, die Feuer, die flackernden Mattscheiben und sich entrollenden Glasfaserkabel, diese Schmelze der Virtualität faßte kein noch so distanzierter Blick mehr zusammen.

Der Tanz, die Fetzen, die Atome – gewiß hing das alles irgendwie zusammen, aber er erkannte, das ließ sich auch mit noch so sorgfältiger Hand nicht zu einem einigenden Ganzen fügen. Niemand hatte umfassende Erklärungen zu bieten. Das Bilderdickicht wucherte und war jeder umfassenden Erklärung voraus – hier starrte das eiserne Gesicht der Freiheit, dort näherte sich die alles glättende, löschende Flut der Gleichheit. Die Verwirrung betraf nicht nur ihn und diejenigen, die in den letzten Jahren im Paradies eingetroffen waren. Nein, es wurde für alle unübersichtlich. Neue, unerwartete Tatsachen, *Start-ups*, und die Erschütterung von alten Tatsachen. Es zerstoben die Erklärungen und Zeichen, gedacht, entwertet, zusammenhanglos, Stottern, Stolpern, Würgen... Und doch über allem das Verlangen nach Deutung, Verstehen, einem alles vereinigenden Raster.

Die Horizontalisierung: Alles geht in die Breite, Ebenen öffnen sich, über weite Distanzen stört keine aufragende Formation, das beruhigt. Der einst harte Schnitt zwischen Himmel und Erde löst sich im Gespinst eines tiefer und tiefer wegrückenden Horizonts auf. So lassen sich lineare Perspektiven träumen. Keine Risse, keine scharfen Brüche und Einschnitte, alles wabert vor sich hin, nach links und nach rechts, rollt sich ein wenig über Normalnull und fällt im nächsten Augenblick wieder zurück.

In der Ebene läßt sich die Illusion völliger Gleichheit nähren. Oben und Unten sind aufgehoben, alles wird unternommen, Unterschiede zu liquidieren und Spannungen auszugleichen. Wer sich über die Plätze und Märkte, durch Stadien und Korridore bewegt, gehört dazu. Seine soziale Identität spielt keine Rolle mehr, sie wird gleichgültig.

Jedes Gewerbe findet in der Ebene seine maximale Verbreitung. Der Sexus ist dabei das Haupttriebwerk. Überall sinken Menschen auf Werbepostern nieder und preisen vor dem Hintergrund ihres geschickt verhüllt-unverhüllten Körpers den Zauber eines beliebigen Produktes. Jeder Blick ist erlaubt, der Blick ist das obszöne Instrument der Entspannung von allem Druck. In der Horizontale läßt sich gut beobachten. Die Ebene erfordert den Weitwinkelblick, ständig wird sie bis zum Horizont sondiert. Über ihr atmet der Geist der permanenten Bewegung, das Subjektil bricht in die Tiefe des flachen Raumes auf. Es riecht nach Erde und Fleisch. Alles Denken und Fühlen ist von dieser Welt und dünstet irdischen Schweiß aus. Man ist vor allem mit Distributionen beschäftigt, von Informationen, Waren, Menschen, ein endloses Gewimmel, von Planquadrat zu Planquadrat.

Doch nicht alle Spannungen lösen sich in der Horizontalen auf. Kaum hat man sich an das Raster gewöhnt, sich im geplätteten Revier einer auf vorgeblicher Gleichheit bestehenden Gesellschaft zu orientieren begonnen, das Auge an den Weitwinkelblick gewöhnt, schon wechselt das Programm. Die Illusion der Gleichheit weicht dem Wetterstrahl der individuellen Freiheit.

Vertikale Erwartungen reißen uns aus dem Gewimmel. Das Verlangen nach Absprung und Flug wird in der Ebene mächtig. Allerorten entstehen Terminals, Start- und Landebahnen, der Flugverkehr verdichtet sich, Slot-Zeiten verkürzen sich, der Mensch will abheben, heraus aus der Horizontalen, sich abstoßen aus der Ebene, der Gleichheit, dem Druck der Plattformen entrinnen. Die Gegenbewegung zur Nivellierung setzt ein. Eine vertikale Elite bildet sich aus.

Think and feel different ist die Devise. Der feine Unterschied macht's, und dann ist es zum großen nur noch ein beherzter Schritt. Der entfesselte Individualismus schießt aus den Plattformen der demokratischen Gesellschaft und tastet sich an Kolonnen von Börsenkursen hinauf. Es geht wieder um Distribution und Erfolg und die Wertsteigerung der eigenen Aktien. Das Streben nach oben hat nichts mit den Levitationen der Mystiker zu tun.

Vertikale und Horizontale treffen sich versöhnlich-unversöhnlich in einem synthetischen Zeitgeist, ebenfalls angetrieben und durchsetzt von der Dynamik des Sexus. Auch die Erhebung aus der Horizontalen wird von Kämpfen der Geschlechter und des Geschlechts begleitet. Distribution und Erfolg fordern immer stärkere Reize. Aufsteigende Hypes sorgen für die wellenartige Ausbreitung immer neuer Attraktionen.

Im Film »Deep Impact« überrollen monströse Flutwellen die in den Himmel aufragende Südspitze Manhattans. Wassermassen schießen durch die Straßenschluchten wie durch ein Adersystem. Fahrzeuge und Menschen fliegen durch das Inferno, Wolkenkratzer knicken. Die Vertikale und die Horizontale treffen aufeinander. Natürlich in New York, dem Ort im Fadenkreuz des synthetischen Zeitgeistes. Hier hat Warhol die neue Form der Popularität angekündigt. Jeder ist für einen Augenblick ein Star. Jeder springt ein paar Minuten aus der Ebene in den Himmel. Die Spur seines Verlöschens reflektiert das unbewegte, schwarze Universum.

Plus und Minus werden aufgehoben und in einem Zentrum konzentriert, Abstoßung und Anziehung zugleich provozierend. In diesem Energiefeld entstehen hybride Gebilde. Transsexuelle Existenzen werden populär. Was bisher getrennt war, wird bis auf weiteres vereint, verschmolzen. Die Geister dieser Welt stecken ihre Janusköpfe durch den Vorhang und machen sich in unauflösbaren Paradoxien und Oxymoronen verständlich. Alle beobachteten Gegensätze werden koinzident, Einseitigkeiten widerrufen und widerlegt.

Der Entdeckung der Beschleunigung folgt die Entdeckung der Langsamkeit. Die Sehnsucht nach Bewegung wird von der nach Stillstand und Ruhe überflügelt, die Preisung des hemmungslosen Individualismus geht in den Spekulationen über einen neuen Kollektivismus unter, alles wird Ordnungs- und Perfektionskriterien unterworfen, und das Verlangen nach Überraschung, Erlebnis und Chaos wächst. »Reality« vermischt Wirklichkeit und Inszenierung, Original und Reproduktion zu einem synthetischen Aggregat. Neue Wirklichkeit und Virtualität gehen ineinander über.

Das Zeitalter der Kritik geht zu Ende. Widersprüche verschmelzen. Die subkutanen Wirkungen des Tabubruchs verebben. Das Spiel mit dem Ekel macht keinen Spaß mehr, wenn alle Grenzen gefallen sind. Übrig bleibt ein einziges gellendes Jein. Doch die hybriden Gestaltungen aus Gegensätzlichem, Antagonistischem provozieren neue Frevel, neue Hybris. Schon heute ist zu beobachten, wie die einstigen Verächter der Konvention nach Moral und Beschränkung verlangen. Spaßvögel sehnen sich zurück nach einer politischen Kultur, Prominente gestehen, am liebsten all ihre Aufmerksamkeitsaktien verkaufen zu wollen. Die Produzenten des Nonsens sehen eine neue Zeit des Pathos kommen. Das Ende der Ironie wird gerade von ihren Priestern herbeigebetet.

Verstecken und Entdecken werden eins. Je näher die Kamera dem Menschen auf die Haut rückt, um so dramatischer löst er sich auf. Je perfekter die Beobachtung, je mehr Kameras eingesetzt werden, um so schwieriger ist es, das Objekt zu erkennen. Sein Bild zersplittert.

Der komplett verspiegelte Mensch ist unsichtbar. In zeitgenössischen Ausstellungsräumen und in den Schaufenstern der Städte ist zu beobachten, daß er auf dem Rückzug ist. Monitore flimmern und knurren sanft und ununterbrochen vor sich hin, ganz gleich, ob ihnen jemand zuschaut oder nicht. Meist schaut ihnen niemand zu, der Platz gegenüber bleibt leer. Aber sie flimmern und knurren in vollendeter Ignoranz weiter. Inzwischen werden Monitore schon einander gegenüber aufgestellt. So können sie sich auch ohne Mensch ihr Programm präsentieren und ansehen. Diese neue Kommunikationsform nennt der Spezialist »Interpassivität«; die endgültige Ablösung vom Individuum. Wo es noch nicht soweit ist, fliegen dem Individuum Projektionen zu, Nachrichten, Bilder, Stimmen. In Terry Gilliams »Brazil« wird Robert De Niro als Science-fiction-Robin-Hood auf der Flucht durch die Straßen einer Megalopolis von Zeitungspapier angeflogen, bis er vollständig unter den flatternden Zeitungen verschwindet und sich wie eine Figur aus Papier am Boden wälzt. Als ihn sein Begleiter aus den Zeitungen befreien will, kann er Robert De Niro nicht mehr finden.

Im Sturm der flüchtenden Bilder ist es schwer, den Menschen auszumachen. Je weiter er seine Erkundungen in das Unerkannte fortsetzt, den Schleier der Maja beiseite zieht, sein Weltbild über unsichtbare Mikro- und Makrowelten stülpt, um so weiter rückt er selbst an den Rand. Bewaffnete Augen bieten uns heute Einsichten in einen zweiundvierzigstufigen Kosmos. In zweiundvierzig Schritten zoomen sie in die Mitte, zur Stufe eins, dort kommt der Mensch in Sicht. Über uns geht es eine Milliarde Lichtjahre in die Galaxien, unter uns bis auf null Komma eins Fermi in die vibrierenden Felder der Farb-Quanten. Auf der Stufe zehn hoch eins steht der Mensch. Eine kleine Drehung am Objektiv, und er ist verschwunden. Ein oder zwei Schritte in die eine oder andere Richtung.

Der Mensch sei ein Übergang und ein Untergang, heißt es im »Zarathustra«. Beides scheint eingeläutet. Vorerst geht die panische Mobilmachung (Sloterdijk) weiter. Psychologen bestätigen, wir leben in einer Anspannung, die unsere Vorfahren nur in Extremsituationen kennengelernt haben.

Der Wille der Welt ist der Wille der Verwertung. Obwohl zumindest in Europa und Nordamerika jedermann weiß, daß die Ressourcen endlich und ihre Kapazitäten bald ausgeschöpft sind, werden die Maschinen zu immer höherer Leistungsfähigkeit getrieben, und der Verbrauch wird weiter angeheizt. Alles entsteht, um rasch unterzugehen. Vom Prototyp zum Auslaufmodell ist der Sprung durch eine Saison. Der Abfall wächst. Der Durchschnittsamerikaner produziert in seinem Leben das 3900fache seines eigenen Gewichts an Müll. Die Gier ist unersättlich. Der Mensch ist ein Junkie. Platos Regenpfeifer, der heraldische Vogel der Sucht, frißt und scheidet zugleich aus.

Projektionen vom Ende der Energie haben einen festen Platz in unseren apokalyptischen Phantasien. Energiezustände nähern sich an, die Spannungen lassen nach, schließlich finden keine Energieumwandlungen mehr statt, und der Endzustand tritt ein, für den die Thermodynamik den Begriff des Wärmetods gefunden hat. Die Natur folgt dem Gesetz wachsender Unordnung. Ein Zustand größerer Unordnung ist wahrscheinlicher als einer kleinerer Unordnung. Rilke: Wir ordnen's. Es zerfällt. Wir ordnen's wieder und zerfallen selbst.

Manifeste der digitalen Revolution versprechen, die Elemente in den Griff zu bekommen. Nicht Chaos, sonder Ordnung verheißt die Zukunft. Mit technologischer Souveränität soll High-Tech menschlich werden, einen *human touch* bekommen. Die Maschine mit dem menschlichen Antlitz. Die Maschine, die den Menschen ersetzt. »Die Zukunft braucht uns nicht mehr«, so Bill Joy. »Bald werden die Menschen von intelligenteren Maschinen ersetzt werden«, meint Ray Kurzweil. Vielleicht gelingt es schon mit der nächsten Computergeneration, daß die Maschine mit ihrem Schöpfer glücklich ist und ihn anbetet. Als Gottheit könnte der Mensch noch eine Karrierechance haben; wenn er denn zur Elite gehört, die sich die neue Supertechnik dienstbar macht. Die kontrollierten Massen sind in der Welt der Roboter überflüssig. Die

Maschine übernimmt die Arbeit, die Enteignung des Menschen wird abgeschlossen, er ist überflüssig. Entweder sorgt die Elite mit psychologischen und biologischen Methoden für die Abschaffung des Menschen, indem die Geburtenrate gesenkt wird, oder sie übernimmt die Rolle des guten Hirten, der über die fröhlich und nutzlos auf der dürftigen Heide grasenden Lämmer wacht.

Bis dahin geht es um die Verschönerung des Gottes- bzw. Menschenbildes. Das Konzept heißt *Enhancing the human*. Der elektronisch stabilisierte Mensch tritt im Einklang mit der endlos gespiegelten Allwelt in wirklichkeitsidentische Virtualitäten ein. Eine grenzenlose Supertechnik verbindet Natur und Individuum. Wo der Mensch anfängt und die Prothese aufhört, ist nicht mehr auszumachen. Die letzte Grenze, die zwischen Leben und Tod, fällt. Wir werfen den alten sterblichen Käfig des Fleisches von uns und erlangen Unsterblichkeit. *Enhancing the human*. Weit ist es nicht mehr bis dahin. »Wir haben heute ein anderes Körperbewußtsein. Wem sein Körper nicht gefällt, der kauft sich einen anderen«, sagt der Vorsitzende der Anti-Doping-Kommission des Deutschen Sports. Silikonbrüste und Siliciumhirne. Ein digitalisierter Körper – und darin baumelt die alte Seele.

Aber da ist noch das Problem mit dem Ich und dem Du. Die nostalgische Gewohnheit, eine Identität zu haben, mag sie noch so schäbig sein, und die hartnäckige Hoffnung nach einem Du, dem Gegenüber des Freund-Vertrauten, die Hoffnung, die eigene Identität mit einer anderen zu verschmelzen – doch da ziehen die Massen vorüber, zieht man selbst vorüber und verschluckt in der Hast das letzte Ich-Gefühl.

Die Ahnung vom eigenen Überflüssigsein drückt und führt in die totale Vereinzelung. Man spürt kein gemeinsames Schicksal mehr, keine verbindende moralische Haltung, keinen Glauben. Unter normalen Umständen ist Patriotismus ausgeschlossen, in Wahlurnen sammelt sich die Asche sozialer Projekte, auf die man zu verzichten sich gewöhnt hat. Wähler werden zu Nichtwählern, weil sie begreifen, sie haben viele Möglichkeiten und keine Chance.

In den Städten, den urbanen Lagunen, wo Horizontalisierung und Vertikalisierung am härtesten aufeinanderprallen, sammeln sich die entkoppelten und enteigneten Individuen. Ganz gleich, wie groß der Reichtum an Optionen, Aktien, Aufmerksamkeit ist, der Druck wächst. Das Ich fiebert seiner Erstarrung entgegen, Verdrossenheit ist in Wahrheit Depression.

Nachts wird die urbane Lagune eine künstliche Flamme mit geometrisch angeordneten Funken. In den fotografischen Aufnahmen, die mit langer Belichtungszeit von der Flammenlagune angefertigt werden, ist der Mensch untergetaucht: Die Fußgänger sind auf rätselhafte Weise von den Trottoirs verschwunden, die Straßen liegen öde und leer, kein Auto zu sehen, dafür ziehen unzählige grelle Strahlen über die Fahrbahnen. Als lägen die leuchtenden Nerven der Stadt bloß.

Die kürzeste Definition der Zeit ist die von Richard Feynman: Sie ist jetzt. Die Zeit ist jetzt, und sie ist unwirtlich. Fortschritt ist der hastige Schritt aus ihrem Zentrum. Es schlägt nicht die Stunde, sich gemütlich niederzulassen, ist nicht der Augenblick, dem wir zurufen, er möge verweilen, er sei so schön.

Verzifferung und Entzifferung, der Triumph der Ökonomie hier und des *Enhancing the human* dort, beschwören den mechanistischen Traum vom *l'homme machine*. Am

Anfang und am Ende dieses Traums der Kniefall vor der Macht der Zahl. Seit Nanotechnologen mit der Reproduktion der Natur beschäftigt sind und ein neues, schöneres Menschenbild programmieren, wird die Unumkehrbarkeit des Fortschritts diktiert. Wir haben eine Zukunft zu akzeptieren, die uns abschafft. Das Fatum eines fanatischen Determinismus verlangt nach dem gläsernen Menschen, dem Typus mit der Transparenz der Maschine. Unsere Nachfahren machen keine Fehler mehr, alles im Griff, alles Genom, alles genommen. Das ist die mechanistische Absage an die Freiheit. An die Freiheit Fehler zu machen, zu protestieren, inkonsequent zu sein.

Und doch, die aktuellen Nachrichten über den Zustand des Humanen unterscheiden sich in nichts von denen der Vergangenheit. Der Genozid in Ruanda oder die Brände auf dem Balkan und im Kaukasus führen weit weg von der Idee des Schöpfermenschen, der, von allem Willen und Unwillen der Welt befreit, ewige Ruhe genießt, im Hintergrund das leise Piepen der selbstbewegten und selbstbewußten Maschinen. Siebenmal mußte der Schuster aus einem Dorf in der Nähe von Prizren mit dem kurzen Hammer auf den Kopf eines sechsjährigen Jungen einschlagen, bevor der sich nicht mehr bewegte. Dann wischte sich der Schuster ärgerlich die gelben Hirnfetzen vom Ärmel seiner Jacke. *Enhancing the human.* Wer spricht von perfektem Leben?

Von Vollkommenheit keine Spur. Der enteignete Mensch steht im Garten vor seinem Container und pflegt ängstlich sein Epikureertum. Um ihn herum wachsen die Deponien, brennen Tropenwälder, stürzen Berge, wird das Land überflutet. *Enhancing the human* verspricht ewige Jugend, doch es geht nicht um Jugend, es geht auch nicht um Siege, es geht ums Überstehn. Die Produktion von

Pestiziden und autosterilem Samen, der gegen Pestizide immun ist, zeigt Perspektiven: Die Lebensbedingungen verschlechtern sich, aber der Mensch paßt sich an und übt Resistenzprogramme ein. Die Maschinen werden schneller rotieren, der Verschleiß wird weiter wuchern, das Land dürftig, der Boden bitter.

Da die Reizmittel, denen der Mensch ausgesetzt ist, stärker werden, intensiviert er auch die Schutzmaßnahmen gegen sie. Der Supermarkt der Animationen vergrößert sein Sortiment und liefert auch gleich die Angebote zur Lustvermeidung mit. Immer neue Mittel und Gegenmittel, der Designer-Rausch und die Designer-Anästhesie, ein permanentes Inhalieren und Exhalieren von Alkaloiden, Traumideen, Fun, Stoff, Sex, Charts, Lottozahlen, Love-Storys, Trauermeldungen, Action, Esoterik, Gesundheitsberatungen, Psychoanalysen, Fitneßprogrammen und Diätrezepten, das Ganze ein einziges heißkaltes, gutschlechtes Diätrezept aus Aufregungen und Remedien gegen die Aufregung, Hypes und Chillouts. *I can get no satisfaction, the winner takes it all,* und alle Lust will Ewigkeit.

Die Eroten der Mattscheibe sind ins Reich des Thanatos übergelaufen. Die aktuelle Immunologie warnt vor dem ungeschützten Umgang mit der Realität. Der Sessel vor dem Bildschirm ist der sicherste Ort. Die Lust gehorcht nicht mehr dem Realitätsprinzip, sie genügt sich selbst im Traum. Die Lebenskräfte werden ruhiggestellt. Eine Vollpension von TV-Ablenkungsprogrammen hat zur Folge, daß immer mehr Leute vor der Mattscheibe sterilisieren. Nun wird der Zauber, der sich einst im Osten vor dem Tesla-Fernseher verbreitet hatte, zur alles absorbierenden Angelegenheit. Irgendwann erwacht man und hält den Morgen ohne Bild nicht mehr aus. Der Entzug wird kritisch, die Sucht beginnt.

Ganz gleich, welcher Art das Glück der Ruhe und die Droge, die Wege ins Heil werden immer kürzer. Dafür müssen sie immer häufiger beschritten werden. Nichts ist mehr von Bedeutung, was nicht der Erfüllung des Glücks dient. Bald steigen die Dosen des Zaubers ins Unverträgliche, und der Terror des Thanatos beginnt. Der Wirklichkeitsentzug rächt sich. Vorbei sind Glück und Ruhe, die Qual der Sucht schlägt die Trommel. Die Unbequemlichkeiten der Realität, lange erfolgreich gemieden, fordern Tribut. Die Wirklichkeit selbst treibt den Junkie vor sich her.

Manchmal dachte er sich, der Mensch hätte vielleicht doch die Kraft, noch einmal auszubrechen. Die Trunkenheit auszutreiben. Nichts würde so bleiben, wie es war. Die herrschenden Gesetze mußten nicht die einzig möglichen sein. Das Glück hatte sich als gefährliches Glück erwiesen, seine Verheißung als Betrug. Auf die Immunisierung gegen die Wirklichkeit folgte die virtuelle Immunschwäche. Und die Unbilden kehrten zurück. Welchen Zauber könnte es entfachen, jene unermeßliche Energie für die Erneuerung der Gesellschaft zu gewinnen, die jetzt für die Immunisierung gegen die Unbilden der selbstinszenierten Wirklichkeit verschwendet wurde? Für den traurigen Rausch der Virtualität?

Der Schmerz, denkt er, könnte der Schlüssel sein. Nach dem Verzicht auf die alten, utopischen Sehnsüchte, nach der Entwertung von Freiheit, Gleichheit, nach der Preisgabe einer geschützten Kindheit. Der Schmerz ist zu allen Zeiten als eine Erinnerung an unsere höhere Natur begriffen worden.

Gewiß, die Abwehr- und Ablenkungsmanöver scheinen zu triumphieren, das Ruhigstellungskonzept aufzugehen. Man wirbt für pharmazeutische Produkte mit dem Slogan: »Ich habe keine Zeit für meine Schmerzen.« Doch je bunter und lauter es wird, um so stärker der Eindruck, daß der Druck wächst, der Schmerz in der Offensive ist. Es mag ein Sturm losbrechen. Vielleicht ist das dröhnende, bunte Dauervergnügen sein eigenes Opfer im Dschungel der Daseinsängste.

Er hat, inmitten der Bilderschwärme, eine Sehnsucht, töricht und maßlos: Der Mensch sei keine schmerzfreie Zone. Meister Eckhart, der Mystiker und Ketzer des 13. Jahrhunderts, nannte den Schmerz das schnellste Tier, das den Menschen zur Vollkommenheit trägt. Obwohl wir Krankheit und Tod aus dem am Schnürchen auf- und niederhüpfenden Alltag zu vertreiben versuchen, bleiben Schmerz und Leiden eine Grunderfahrung, der wir nicht ausweichen können. Das Leiden ist das Tier, das uns zur Vollkommenheit trägt.

Die Fähigkeit, Schmerz zu empfinden, gehört zu den elementaren menschlichen Fähigkeiten wie Hören, Sehen, Hunger, Wärme, Kälte oder Angst zu spüren. Dabei unterscheidet sie sich von allen anderen körperlichen oder physischen Erscheinungen dadurch, daß sie in der äußeren Welt kein Objekt hat. Der Schmerz hat seine Ursache und sein Ziel allein in uns und reicht deshalb tiefer, als sich die Regisseure und Animateure der Ruhigstellungsprogramme denken. Mit Medikamenten, Action und guter Laune mögen Symptome zu betäuben sein, mehr nicht.

Kein Chromosom ist konstruiert gegen den Schmerz, kein Kuscheltier, keine Wärmedecke, keine Party hat seine Macht bislang zu bannen vermocht. Die Verdrängungsversuche, mit denen die moderne Welt gegen ihn vorgerückt ist, haben ihn nur vorübergehend aus dem bunt und freundlich dekorierten Blickfeld verschwinden lassen. Inzwischen bricht er wie ein Deus ex machina wieder mitten in die Show ein. Das neue Pathos, das Prediger von Ironie und Oberfläche ungern, aber deutlich kommen sehen, hat sich der Anwesenheit des Schmerzes zu verdanken.

Er denkt, eine Bewegung entsteht, und formuliert ihr Gebot: *Der Mensch sei keine schmerzfreie Zone.* Er fürchtet sich nicht vor dem Hohngelächter der Zeit. Dem Muskelspiel der Fidelen begegnet die ihm durch den Sinn gehende Bewegung mit der Gelassenheit der Schwachen, die ihre Schwäche und Verletzlichkeit in Souveränität umwandeln. Nicht die Mehrung des Leidens wäre das Ziel, sondern seine Befreiung aus dem Schwitzkasten der Ruhigstellungsprogramme. Nicht die Fortsetzung der Betäubung, sondern ihre Beendigung. Die Öffnung der Wunden zum Ziele ihrer Heilung.

Der Schmerz könnte verbinden, was die Mode streng geteilt hat. Er könnte sichtbar machen, was die Show, in der sich der enteignete Mensch austobt, mit ihm angerichtet hat. Ist der Vorhang über dieser Szene aufgegangen, steht der Mensch sich selbst gegenüber. Eine tiefe Traurigkeit liegt über dieser Begegnung. Viele Zerstörungen und Zurichtungen werden jedoch nicht wieder zurückzunehmen sein. Die Enteignungen hinterlassen auf allen Körpern ihre geläufigen Narbenspuren. Wer sie auf dem eigenen Körper verfolgt, kommt bei seinem Nachbarn an. Wo ein Zeitgenosse an einem anderen die vertrauten Hysterien, die Einstiche, die blauen Lippen des Thanatos entdeckt, befreit er sich aus dem gläsernen Sarg der Einsamkeit. Der Schmerz ist nicht mehr nur die Erinnerung an die eigene höhere Natur, er ist auch die Erinnerung an die höhere Natur des anderen. Der einzelne, der bisher auf der Flucht war aus dem Terminal der Gegenwart in eine immer leuchtendere Zukunft, begreift, daß es nicht genügen wird, sich allein in dieser Welt vor ihren Zumutungen in Sicherheit zu bringen.

Fortschritt ist nicht mehr Flucht vor dem anderen, sondern das Zugehen auf ihn. Die Fähigkeit des Leidens ermöglicht die des Mitleidens. Verletzlich sei der Mensch. Es wird keine Erlösung geben, das in das Paradies dieser Zeit evakuierte Leben geht weiter. Es ist ein Leben nach dem Sündenfall, inmitten der Zerstörung.

Alle Absprung- und Fluchtversuche aus dieser Welt sind bislang mißlungen. Je weiter wir unsere Fühler in den Äther ausstrecken, um so tiefer flieht der Kosmos ins Schwarze. Je mehr wir wissen, um so größer die Ungewißheiten. Der Schmerz darüber ist die letzte große Gewißheit. Ausgesperrt zu sein aus jeder möglichen anderen Welt. Vertrieben in diese unübersichtliche Situation, deren Unübersichtlichkeit wir nur ertragen, wenn wir sie zusammen mit anderen tragen, zusammen leben. Vertrieben in dieses Paradies.

Zusammenleben, so seine törichte Sehnsucht, zusammenleben mit dem Fremden. Als er mit achtzehn Jahren zum Studieren in die Sowjetunion geschickt wurde, in eine Provinzstadt mit einer Million Einwohner zwischen Moskau und dem Schwarzen Meer, entdeckte er, daß im Osten die große weite Welt lag. Dort, in Woronesch, einer grauen, offiziell für Ausländer geschlossenen Stadt am Rand Europas, wo er fünf Jahre lang vor sich hin studieren und die meiste Zeit ziemlich erbärmlich hausen sollte, wo nur gut vierzig Jahre zuvor Rußlands erster

Dichter Ossip Mandelstam in der Verbannung fast an Hunger und Kälte zugrunde gegangen war (ein Jahr später, in einem Durchgangslager bei Wladiwostok, war es dann soweit), in der Weite der russischen Schwarzerde also begegnete er Afrika, dem Fernen und dem Nahen Osten, Lateinamerika.

Sie logierten in einem Quartier aus sechs brüchigen Wohnheimen, vielleicht tausend Ausländer aus sechzig Nationen mit ebenso vielen Komsomolzen aus dem Land des Roten Oktober. In der DDR hatte er zuvor gelernt, wie man Dinge wie den Zitronensäurezyklus auf russisch darstellt, was sehr nützlich war, denn er sollte schließlich Chemie studieren. Aber wie man nach der Uhrzeit fragte, Brot und Tee einkaufte oder eine Flasche Wodka an der diensthabenden Wachtjorka des Wohnheims vorbeischmuggelte, das lernte er von seinen neuen Freunden aus Damaskus und Bogotá. Gewiß war das Quartier so etwas wie ein Ghetto, dessen Bewohner nicht allein aus der befreundeten kommunistischen Welt kamen, sondern auch aus Quebec, Padua und Göteborg. Die einen blieben einen Monat, die anderen zehn Jahre. Auf den Korridoren des Wohnheims vermischten sich die Stimmen von Bob Marley, Wladimir Wyssotzki und Johnny Rotton. Hamid erklärte ihm den Koran. Vanessa aus Madagaskar zeigte ihm Griffe auf der Gitarre, die einen Klang erzeugten, als käme er direkt aus dem Indischen Ozean. Binjam aus Äthiopien spielte auf dem einzigen Klavier im Quartier. Meist spielte er Lionel Richie oder Stevie Wonder, manchmal aber auch »Am Brunnen vor dem Tore«. Er wußte nicht, daß der »Lindenbaum« viel älter war als die anderen Stücke, die er im Repertoire hatte. Für ihn war das deutsche Popmusik. Den Text hatte er sich von einer Freundin aus Cottbus aufschreiben lassen. Da er

Deutsch weder lesen noch sprechen konnte, hatte sie ihm Wilhelm Müllers Verse, so gut es ging, in russischer Schrift notiert. Binjam sang mit leichtem, äthiopisch-russischem Akzent aus der »Winterreise«.

In diesem Quartier war er der Junge aus der DDR, der offener als erlaubt und unter den kritischen Blicken seiner Landsleute die Nähe der anderen Ausländer suchte. Nicht viel mehr als das kleine Land zwischen Ostsee und Thüringer Wald hatte er zuvor gesehen, er war ein mitteleuropäischer Provinzler. Nun geriet er in ein offenes kulturelles Wechselspiel.

Auf dem Weg zur Universität durchquerte er den Kolzow-Park. Dort rösteten sich Männer in Lagerfeuern Kartoffeln, die ältesten von ihnen trugen Orden aus dem Vaterländischen Krieg an ihrer Brust. Manchmal lagen sie schwer betrunken im Gras, bis sie von der Miliz geholt wurden. Auf diesem Weg zur Universität sagte er oft Verse von Hölderlin und Benn vor sich hin. In seiner Tasche steckte »Heinrich von Ofterdingen«. Er war der kleine provinzielle Ostdeutsche, umgeben von einem Meer der Fremde. Während er sich an Hölderlin und Benn erinnerte, wuchs ihm eine Schwimmhaut, mit der er in diesem Meer der Fremde schwimmen lernte, vorbei an den Lagerfeuern, den Kriegsveteranen, durch die Stimmen von Bob Marley und Johnny Rotton, durch die Korridore des Quartiers. Vielleicht ist die Sprache da seine Schwimmhaut geworden.

Das Quartier war umgeben von einer engen, traurigen, weltvergessenen Welt. In seinen dunklen Winkeln drückten sich Spitzel herum. Auf Freunde konnte man sich trotzdem verlassen. Auf Nasser Salem aus dem Oman zum Beispiel und John Gindranat Menedu aus Mauritius. Als in seinem Wohnheim bei fünfunddreißig Minusgraden für vierzehn Tage die Heizung ausfiel, wohnte er heimlich in Nassers Zimmer. John hatte gute Dollar und konnte deshalb zu jeder Zeit unterderhand Fleisch besorgen, auch als selbst Brot und Eier rationiert wurden. Kein Zweifel, ohne Nasser und John wäre er in Woronesch sehr krank geworden. John ging nach seinem Studium bezeichnenderweise zum Pharmakonzern Sandoz nach Basel, Nasser arbeitete als Journalist in verschiedenen nordafrikanischen Städten. Als er sich später mit ihm zerstritten hatte, schickte Nasser den Eltern Postkarten und Elfenbeingeschenke vom Kivu-See in Ruanda, wo es damals gerade einmal ruhig und schön gewesen sein muß.

Die große weite Welt lag zu jener Zeit im Osten, und sie hatte einen wilden Zauber. Als er nach fünf Jahren Studium in Woronesch versuchte, wieder in den Bauch der Heimat zurückzukehren, da war dieser Bauch hart und die Heimat müde, und er richtete sich zwischen ihren Zehen ein und wartete – ohne es zu ahnen – darauf, daß sie starb. Der wilde Zauber von Woronesch hat nie ausgesetzt.

Die Rückkehr des Fremden in die Heimat, nach Deutschland, an die erste Station im Paradies. Einst, im Augenblick der Evakuierung, hatte er in die feuchten Augen der netten, Tchibo-Kaffee austeilenden CDU- und SPD-Frauen gesehen, die sie hinter den Grenzposten begrüßten. In die blauen Augen der einheitsglücklichen Fernsehrepublik, die die armen Menschen aus dem Osten kühl und freundlich auf der Schwelle in den Westen in Empfang nahm, ihnen ein Begrüßungsgeld in die Hand drückte und gleich darauf wieder zu ihrem fortschrittsmehrenden Kerngeschäft zurückkehrte.

Die Toleranz des Westens war eine geschminkte, luxuriöse Intoleranz, so schien es ihm. Und wie soll auch das Land, das seine Heimat ist, offen sein für Kulturen, die sich in seinen Schamzonen etablieren, wenn es ihm nicht einmal gelingt, sich selbst zu durchdringen und der Trennung von Ost und West zu begegnen? – Das Fremde kommt und ist sowieso unter uns.

Zentripetale und zentrifugale Kräfte werden in diesem Land der Mitte Europas wirken, die verschiedensten Kulturen sich ihre Felle reiben. Deutschland ein *melting pot*, mit russischstämmigen Politikern, koreanischen Fernsehmoderatoren und dunkelhäutigen Industriemanagern. Jeder weiß, daß das so kommen wird. Eine noch unbekannte Gravitation setzt ein. Die letzten Klagen über den defekten Wohlstand und das eigene Überflüssigsein werden einst untergehen im Stimmengewirr der Völker, die hier eine neue Heimat finden.

In der Lagune am Oberrhein, in der er heute lebt, sind siebenunddreißig Prozent der Bevölkerung Ausländer, die Grenzgänger, die zu Tausenden aus Frankreich und Deutschland kommen, weil sie in Basel ihren Arbeitsplatz haben, nicht mitgezählt. 1910 übrigens waren es siebenundvierzig Prozent. Es gibt Schulklassen, die nur noch einen Schweizer Schüler haben, und der hat eine dunkle Hautfarbe. Die siebenunddreißig Prozent Ausländer wohnen nicht alle in einem Stadtbezirk, längst hat eine großräumige Durchmischung begonnen. Einige Viertel dominiert fremdes Leben.

Die neuen Bewohner kommen vom Balkan, aus der Türkei, Zentralafrika. Exotische Restaurants entstehen, Supermärkte mit unvertrauten Sortimenten, Gotteshäuser werden einem anderen Glauben geöffnet, Zeitungen und Werbeplakate in fernen Sprachen vertrieben. Die alten Einheimischen sind umgeben von neuen Einheimischen. Das ist nun seine Heimat. Heimat, hat er hier bestätigt gefunden, ist ortsunabhängig, Heimat entwickelt sich, wo der Koffer nicht nur ausgepackt wird, sondern auch weggeräumt. Heimat ist das vertraute Fremde. Fremd sind ihm die Ausländer und die Schweizer, vertraut inzwischen auch.

Deutschland wird nach und nach weitere Ausländer aufnehmen. Dabei geht es nicht nur um Zahlen, sondern um Durchmischung. Man kann den Ausländern nicht das Land öffnen und dann die Gesellschaft verschließen. Durchmischung heißt, gleiche Chancen für den Fremden: zu studieren, Geschäfte zu machen, zu beten, mitzubestimmen. Das Andere muß anders bleiben dürfen und sich doch einmischen. Anpassung und Souveränität werden neu definiert. Darf eine türkische Lehrerin ein Kopftuch tragen und eine muslimische Schülerin einen Schleier? Muß ein Häftling mosaischen Glaubens die allgemeine Gefängniskost essen, muß ein Sikh einen Helm beim Motorradfahren tragen, darf ein Arbeiter entlassen werden, weil er an einem religiösen Feiertag seiner Arbeit fern bleibt? Was ist mit dem Vater, der seinem krebskranken Kind aus religiösen Gründen eine Heilbehandlung verwehrt? Es gibt keine universalen Antworten. Trotzdem wird man zu integrieren versuchen, was auseinanderschießt.

Aus Festungen werden Inseln im Strom der Abweichungen. In der Mitte Europas wird das Fremdsein im eigenen Land die Triebkraft für eine Urbarmachung sein, die den faulen Pfuhl abzieht und das Land in eine Heimat verwandelt. In eine Heimat, in der die Herkunft des Blutes keine Rolle mehr spielt. Heimeliges, tröstliches Fremdsein breitet sich aus, weil die anderen ja auch fremd sind,

Fremdsein ein Selbstsein ist, weil es sich mit dem Fremden mischt und in Vertrautes verwandelt. Souveränität in der Anpassung.

In einem Kinofilm spielt Armin Müller-Stahl einen deutschen Taxifahrer in Manhattan, der so schlecht englisch spricht, wie er Auto fährt. Beides beunruhigt seinen schwarzen Fahrgast, den er in dieser Nacht nach Brooklyn chauffieren soll, derart, daß dieser sich selbst hinters Steuer setzt. Der Amerikaner amüsiert sich über den Vornamen des Deutschen. Helmut, *Helmet*. Der Deutsche gibt Auskunft, er sei Clown und komme aus Dresden, Ostdeutschland. Am Ende der Fahrt hat *Helmet* eine Menge über Amerika gelernt, zum Beispiel, daß man das Geld nachzählt, das man bekommt. Nur mit der Orientierung klappt es nicht. Auf der Rückfahrt biegt er gleich an der ersten Kreuzung wieder falsch ab. Er sieht über das Lenkrad die dreckige, gleißende, heulende Stadt. »New York«, flüstert *Helmet*, »NewYork.« Dabei sieht er so aus, als sehe er nicht durch die Windschutzscheibe nach draußen in die Nacht, sondern in sich hinein und suche dort die Straßen von Dresden-Neustadt.

Der Film heißt »Night on earth«. In einer jüdischen Parabel hingegen fragt der Rabbi in der Schule, wie man erkennen kann, daß die Nacht zu Ende ist und der Tag beginnt. Der erste Schüler antwortet: »Wenn ich aus dreihundert Metern Entfernung ein Schaf von einer Ziege unterscheiden kann, dann ist die Nacht zu Ende, und der Tag beginnt.« Ein zweiter Schüler sagt: »Wenn ich aus dreihundert Metern Entfernung einen Feigenbaum von einem Ölbaum unterscheiden kann, dann ist die Nacht zu Ende, und der Tag beginnt.« So diskutieren die Schüler weiter, bis der Rabbi abbricht und sagt: »Wenn du eine Frau triffst und egal, ob sie schwarz oder weiß ist, zu ihr sagen kannst, du bist meine Schwester. Wenn du einem Mann begegnest und egal, ob er arm oder reich ist, zu ihm sagen kannst, du bist mein Bruder, dann ist die Nacht zu Ende, und der Tag beginnt.« Sollte eines Tages diese Rabbiner-Schule in Deutschland stehen? In Europa-Mitte?

Mitten im Paradies gibt es Transiträume, die ins Freie führen. Das Theater ist solch ein Transitraum. Keine Insel der Seligen, aber eine Insel. Anderen Gesetzen gehorchend und der altmodischen Würde des nichtutopischen Menschen nachsinnend. Für die Leute hier gilt Grillparzers Diktum: »Ich komme aus anderen Zeiten und werde in andere gehn. Sie mögen mich gerne bestreiten, ich lasse es ruhig geschehn.«

Auch in seinem Haus weht der wilde Zauber von Woronesch. Die Stimmen der Völker vermischen sich, egal, ob Russisch, Schwedisch oder Spanisch, ob Mozart oder Beckett. Die Gegenwart ist noch nicht vertrieben, auch wenn sie ein bißchen ramponiert aussieht, sie hat ihre Erotik noch nicht verloren. Das heitere Unbehagen am Leben und die Gewißheiten des Leidens an dieser einzigen aller Welten werden nicht geleugnet, niemand glaubt an den digitalen Menschen. Hier, auf der Hinterbühne, in der Kantine, in der Schreinerei, im Ballettstudio geht ihm auf, daß die Enteignung des Menschen doch noch nicht so weit fortgekommen ist. Vielleicht ist doch alles gut. Jeder hat seine Geschichte, und zusammen erzählen sie die großen Geschichten weiter, leben zwischen den Requisiten dieser Geschichten und stören sich nicht am Zubehör der elektronischen Gegenwart. Die Gräben im Transitraum sind überschaubar. Bedächtigkeit steht höher im Kurs als Flexibilität.

Warum sollte das nicht auch draußen so sein können, warum sollte es nicht überall Transiträume geben, in denen ein anderes Tempo herrscht, Gelassenheit gegenüber dem Kommenden, dem Gehenden, dem Fremden, dem Eigenen?

So eine törichte Sehnsucht.

Alles fließt zwischen dem erhabenen und dem ebenen Ufer der Stadt. Der Fluß zieht von links nach rechts, das Boot kommt und geht, hinter dem Münster steigen Flugzeuge auf, Tauben lassen sich auf dem gemusterten Dach nieder. Noch immer ist Marinettis Traum von den beschleunigten Flüssen unerfüllt. Der Münsterhügel, diese Stadt, dieses Land, sein Nachbarland und Hauptvertragspartner, der Kontinent drehen sich auf unsichtbaren Umlaufbahnen und rasen durch den Äther.

Neben ihm sitzt John Gindranat Menedu. Vor zwanzig Jahren haben sie zusammen Kaviar in den Westen und Montana Jeans in die Sowjetunion geschmuggelt. In kleinen Mengen natürlich. John besorgte die Ware, er, als DDR-Student für die sowjetischen und polnischen Zöllner nicht interessant, beförderte sie im Zug von Berlin nach Moskau, beziehungsweise von Moskau nach Berlin. Mit dem im Osten billig erstandenen Kaviar machte John in Berlin ein bißchen Geld. Davon erwarb er die Hosen, die er in Rußland wieder verkaufte. So hatte er das ganze Jahr über mit Naturalien ausgesorgt, die in keinem sowjetischen Geschäft zu haben waren: Fleisch, Obst, Gemüse, Sekt. Was hätte er ohne John in Woronesch gemacht?

John hat sich zurückgemeldet. Er stammt aus Mauritius. Seit vier Jahren ist er Schweizer und lebt in Willisau bei Luzern. Mit seiner Frau aus Rostock-Lichtenhagen.

Kathrin war einst auch in Woronesch, ein abenteuer-liches Jahr. Sie war FDJ-Sekretärin und hatte sich doch mit einem Ausländer aus dem nichtsozialistischen Ausland eingelassen. 1988 entließ sie die sterbende Heimat zu John nach Lausanne, wo er inzwischen Analytische Chemie studierte.

Sie haben eine Firma für Pharmazie gegründet. In Rostock. Den Absatz steuern sie über die Schweiz. John hat in Rostock Land erworben und ein Haus gebaut, in dem acht Mitarbeiter produzieren. Von der Europäischen Union hat er Subventionen bekommen. Nächstes Jahr liegt der *break even* hinter ihm. In Willisau bewohnt er ein kleines Haus, im Keller lagert er die Essenzen. Kathrin besorgt die Verwaltung, Viviane, ihre Tochter, studiert ab Herbst in Bern. Viviane hat drei Zungen und eine dunkle Haut. Sie spricht zu Hause deutsch wie in Rostock-Lichtenhagen und in der Schule Luzerndeutsch oder Hochdeutsch mit Luzerner Akzent. Um nicht weiter auf-zufallen. Mit dunkler Hautfarbe fällt sie in Willisau we-niger auf als mit makellosem Hochdeutsch. John hat mit Mühe seine Prüfung zur Einbürgerung bestanden. Nicht einmal des Todesjahrs Wilhelm Tells konnte er sich ent-sinnen. Jetzt gehört er dem Zivilschutz von Willisau an, seiner Heimatgemeinde. John Gindranat Menedu, Bürger von Willisau, geboren in Port Louis, Mauritius, Student einst in Woronesch, UdSSR.

Die Fähre bleibt auf dem Rhein stehen, um einen Lastkahn Richtung Norden passieren zu lassen. Ob er noch an Gott glaube? John überlegt, sich taufen zu lassen. Gott ist tot. John lacht und sagt, dann kann es ja nichts schaden, sich taufen zu lassen. Vor zwanzig Jahren hatte er das Schweinefleisch immer direkt im Schlachthaus abgeholt. Dort kannte er einen Fleischer. Das Schlacht-

205

haus war ehedem die lutheranische Kirche von Woronesch gewesen. Der Fleischer reichte John die Ware stets durch das Fenster der Sakristei.

Jetzt sind sie doppelt so alt wie damals. Durch welche Tunnel, über welche Brücken sind sie gegangen, getrennt und gemeinsam. Zwischen ihnen ist ein feinverästeltes Gedächtnis-Myzel gewachsen, das sie, jeder für sich, hüten, mit ober- und unterirdischen Standleitungen.

John erzählt von seinen Präparaten. Er ist ein Meister des Spagyrik. In Lausanne hat er vor ein paar Jahren nachts die Druckerpressen einer Zeitung beaufsichtigt und so als erster die Gebrauchtwagenanzeigen studiert. Alle zwei Monate kaufte er einen alten Wagen und verkaufte ihn wieder. Seine merkantile Begabung half ihm, sich und seine Familie zu ernähren. Jetzt geht es ihm besser, dafür hat er mit dem Kapital einen kühnen Pakt geschlossen.

John hat nichts zu bedauern. Sein Prinzip fordert nicht die Erinnerung, sondern das Vergessen dessen, was einst widrig war. Darum hätte ihn der Deutschland-Hospitant vor wenigen Jahren noch beneidet. In der Zeit des Zorns auf das entzauberte Paradies und die Rolle, die er darin zu spielen hat. Mittlerweile breitet sich eine Gewißheit in ihm aus, grün, strömend, vorüberquellend wie dieser Fluß, eine illusionslose Gewißheit. Im allgemeinen Kreislauf ist er ein einzelner unter einzelnen. Zugleich gehört er einer größer werdenden Eidgenossenschaft an. Deren unkündbare Konfession gründet auf der Verwandlung.

Am Ufer unterhalb des Münsterberges liegen Kalktrümmer herum. Dort entsteht ein Damm. Zwischen den Trümmern ein oranger Metallkasten, darauf vier Großbuchstaben: FREI.